Blockchain für Anfänger

Eine Einführung in die Grundlagen von Blockchain, Bitcoin, Smart Contracts und Kryptowährungen

1. Auflage

Inhaltsverzeichnis

Vorwort

Blockchain, für die einen ist es gang und gäbe, bei den nächsten löst es Herzrasen aus. Was zum Teufel ist Blockchain und kann man das essen? Vielleicht Blockschokolade? Jemand, der noch nie in seinem Leben damit in Berührung gekommen ist, steht vor vielen offenen Fragen.

Zugegeben, es ist kein einfaches Unterfangen sich in einer Welt zu orientieren, die absolut revolutionär und neuartig ist. Sie weicht von allem ab, was wir bisher kennen, und hat doch ein stattliches Potenzial in der Zukunft. Ja, manche Experten gehen sogar so weit, dass sie behaupten, es wäre die Zukunft. Einer von vielen guten Gründen, die Blockchain mal etwas genauer unter die Lupe zu nehmen. Aber nicht nur die Blockchain soll im Fokus stehen, sondern auch die Kryptowährungen, die während der Blockchains immer mal wieder auftauchen, wollen wir uns genauer angucken.

Vor allem soll es aber eines sein: einfach erklärt! Blockchain ist nicht nur für die Finanzen, wie es in diesem Buch interessant ist, zuständig, sie kann auch bei allen anderen wirtschaftlichen, politischen, privaten oder anderweitigen Transaktionen eingesetzt werden. Blockchain soll deutlich sicherer sein als alle Monopolsysteme, die wir momentan auf dem Markt anzubieten haben. Doch wollen wir das Pferd nicht von hinten aufzäumen. Gerade haben wir noch gefragt, ob Blockchain eine Art neue Blockschokolade ist, und nun sind wir mitten im Finanzwesen angekommen. Also entspannen wir uns und fangen mit einer Definition an:

„Bei der Blockchain handelt es sich um eine gemeinsam genutzte Datenbanktechnologie, bei der Verbraucher und Lieferant einer Transaktion direkt miteinander verknüpft werden. Digitale Verträge sind ein Anwendungsbeispiel, das derzeit für Aufsehen sorgt."

(www.gruenderszene.de)

Kapitel 1: Die Grundlagen

Der Anfang von Blockchain

Am Anfang war eine Vision. Aber nicht irgendeine. Sie ist aus der Notwendigkeit heraus entstanden. Lass mich dir ein einfaches Beispiel nennen, welches du verstehst:

Du kennst unser heutiges System in der Finanzwelt. Person A in Deutschland will Person B in den USA 50 € überweisen. Damit Person B in den Staaten auch die 50 € wirklich erhält und nicht (zugegeben übertrieben gesagt) 50 Bananen erhält, gibt es die Banken, über die diese Transaktion läuft. Allerdings hat das auch Nachteile. Eine Bank ist Aufpasser und Verteiler zugleich. In dem Fall unserer beiden Personen sorgt sie dafür, dass die Person A diese 50 € auch wirklich abgibt, die Person B in den Staaten sie aber auch wirklich erhält und weder Bananen noch einen anderen Wert. Wollen wir mal niemandem etwas unterstellen, doch wer kontrolliert die Banken? Wer kontrolliert, dass sie sich nicht selbst einen Teil des Geldes ohne das Wissen von Person A oder Person B in die Tasche stecken? Oder noch verworrener, wer kontrolliert, ob die Banken sich nicht mal eben eine Milliarde Euro verbuchen? Zugegeben, wir wollen niemanden an den Pranger stellen, doch wer garantiert uns Bankkunden, dass alles mit rechten Dingen zugeht? Richtig. Niemand!

Zusammengefasst lässt sich dieser Zustand also als kollektives (= Gruppen) Vertrauen bezeichnen. Vor allem aber blindes Vertrauen, denn niemand kann irgendetwas überprüfen und

wer weiß schon, ob sie uns wirklich die Wahrh
was hat Vertrauen mit Blockchain zu tun? Zu
wir uns dafür unser derzeitiges System a
vertrauen den Banken, besonders den Bankern
wirklich alles korrekt in einen großen Trans
aufnehmen und umsetzen. Da steht dann drin,
abgebucht wird, welcher dazukommt und so we
Doch ist eben dieser Transaktionsregister
einsehbar. Aber dafür haben wir ja die Banker,
eben genau dafür da, um zu schauen, ob alle
ihre Richtigkeit haben, beziehungsweise überl
sind. Sind sie es nicht, lehnen sie die Transa
passiert alles, ohne dass wir wirklich Teil davon s
aber ist, dass wir nicht überprüfen können, ob c
nicht selbst etwas von unserem Geld in die
stecken. Noch weniger können wir überprüfe
20.000 € auf ihrem Konto nicht einfach 2.000.00
Du siehst, das derzeitige Bankensystem basiert
unsererseits. Das ist ziemlich mutig von uns, der
so schön: Bei Geld hört der Spaß auf. Auf der an
das System der Banken schon so alt, das muss
handeln zumindest die meisten von uns. Do
irgendwann (so lange ist es noch gar nicht h
irgendwer mit der Idee um die Ecke, da
revolutionieren. Wir Menschen sind Gewohnh
stehen dem Neuen oft eher skeptisch gege
kommt aber auch die Tatsache, dass wir a
vertrauen und diese Verhaltensweisen so in u

d, dass wir anderen Modellen und Systemen keine Chance en.

ch dann kamen Wissenschaftler ins Spiel. Sie sagten: „Nee, , nee, liebe Leute, so dumm ist das gar nicht mit der ckchain!" und plötzlich beschäftigten sich immer mehr nschen damit. Doch wo sind nun die Berührungspunkte zu n Vertrautem und wo gibt es Unterschiede? Die müssen ja sein, sonst wäre es ja kein revolutionäres System.

ckchain basiert auf Misstrauen! Misstrauen und Geld, na passt ja wunderbar zusammen. Ich kann deine Gedanken hierhin hören. Aber doch! Es passt sehr wohl und sogar r gut zusammen. Denn eben genau dieses Misstrauen ist was die Blockchain erheblich sicherer macht. Doch wie ktioniert das Ganze jetzt?

e Blockchain ist ein geschlossenes System, in dem aber er mitmachen könnte. Auch hier gibt es ein nsaktionsregister und genau dieses Register hat eben selbe Funktion wie bei den Bankern auch: Dort werden alle nsaktionen aufgeführt! Und jetzt kommt der erste scheidende Unterschied: Eine Blockchain ist für alle lnehmer öffentlich einsehbar und jeder kann zu jedem tpunkt auf die Informationen zugreifen. Also haben wir es r mit einer absoluten Transparenz zu tun. Möchten wir also erhalb einer Blockchain jetzt Person A 20 € überweisen, so ift die Blockchain bei allen Teilnehmern dieses Netzwerkes Transaktion. Das geht zurück bis zu dem Punkt, an dem sie m Netzwerk beigetreten sind. Wenn diese Überprüfung sitiv abläuft, diese Summe also freigegeben werden kann, wird Person A die 20 € erhalten. So läuft übrigens jede

Transaktion in einem Blockchain-Netzwerk ab. So und wo ist jetzt das Misstrauen? Es ist ja immerhin öffentlich einsehbar. Dem ist so. Damit aber niemand einfach in den Zahlen herumpfuschen und manipulieren kann, sind die Informationen des Transaktionsregisters auf alle Teilnehmer des Netzwerks verteilt. Stell es dir vor wie einen Kuchen. Jeder bekommt ein Stückchen und zwar nicht sein Stückchen, sondern es ist kunterbunt gemischt! Es kann schon sein, dass du ein paar Infos auch über dich hast, doch hilft dir das nicht weiter, da du nicht die vollständige Information hast. So weit, so gut. Ein Beispiel dazu:
Du bist also in einem Blockchainnetzwerk und erhältst einen Block an Informationen. Nun fügst du dir 1500 € einfach so dazu. Bisher beschwert sich noch niemand darüber und du kannst das machen. Wenn jetzt aber eine Transaktion getätigt wird, wird alles überprüft, auch du, und jetzt fragt sich das Netzwerk logischerweise, woher kommen diese 1500 €?! Da alle Transaktionen, die jemals in dem Netzwerk getätigt wurden, überprüft werden, so werden diese 1500 € nirgends auftauchen.
Das Netzwerk wird dir diese 1500 € aberkennen und abwerfen. Also ein netter Versuch von dir, aber leider fehlgeschlagen. Und genau dieser Ablauf, diese ständige Überprüfung und Nachverfolgung ist es, die die Blockchains wesentlich sicherer machen als unser derzeitiges System. Du kannst nicht mal eben mehr Geld eingeben, als du tatsächlich hast. Dadurch, dass es alles innerhalb des Netzwerks öffentlich bekannt ist, kann auch jeder dein Verhalten und deine Transaktionen nachvollziehen. Je mehr Menschen in dem

Netzwerk sind, um so sicherer wird es, da die Informationen und Transaktionen auf immer mehr Menschen umgelegt werden. Damit du überhaupt innerhalb eines Netzwerkes so einen Täuschungsversuch durchführen kannst, müsstest du alle Transaktionen eines jeden Mitglieds, die jemals von Beginn an in diesem Netzwerk getätigt wurden, ebenfalls fälschen. Je mehr Menschen also mitmachen, je mehr Transaktionen musst du fälschen. Da hast du dir eine Aufgabe ausgesucht!
Vielleicht schaffst du es zu deinen Lebzeiten noch, zumindest einen Teil der Transaktionen zu fälschen. Deine Nachkommen können das Projekt dann weiterführen. Wahrscheinlicher ist aber, dass damit Generationen beschäftigt sind, weil ja immer neue Transaktionen dazukommen. Nein, man kann also wirklich sagen, dass die Blockchain unglaublich sicher ist. So ein Täuschungsversuch ist zumindest theoretisch bei unserem jetzigen Bankensystem um ein Vielfaches einfacher. Wenn der Banker sich halt einfach mal 10.000 € mehr auf seinem Konto gutschreibt, so wird bei der nächsten Transaktion nicht geprüft, woher das Geld kommt, sondern es wird einfach als „dann ist das eben so" abgetan und die Transaktion wird durchgeführt.

Kapitel 2: Gehen wir ins Detail

Hashfunktionen und was das ist

Ein Hash (oder eine Hashfunktion, Hashwert) ist eine Verschlüsselung und gleichzeitig ein digitaler Fingerabdruck. Diese Funktion ist linear. Das bedeutet: Du gibst Daten ein und sie werden verschlüsselt, rückwärts funktioniert es jedoch nicht. Am Ende kommt ein 64 Zeichen langer Code heraus, der nach dem Prinzip des SHA-256 funktioniert.
Was bedeutet SHA-256? S(ecure) H(ash) A(lgorithm) mit einem Output, der immer(!) 256 Bit lang ist und dementsprechend hat das Output dann 256 Bit = 32 Byte (64 Zeichen Hex). Soviel zu der Funktionsweise. Doch was bringt mir das nun? Diese Verschlüsselung braucht man, um Daten zu verschlüsseln. Also Daten, mit denen ich einen Transfer plane. Dabei ist es egal, wie groß der Input ist, am Ende kommen immer 64 Zeichen heraus. Wichtig ist hier zu erwähnen, dass der Output niemals ableitbar ist. Das meint, wenn du zum Beispiel *Ich bin Anfänger* als Input hineinsetzt, so wird am Ende eine dem Input entsprechende 64 Zeichen lange Zahl-, Buchstaben- und Sonderzeichenkombination herauskommen. Du kannst ‚Ich bin Anfänger' so oft eingeben, wie du magst, es wird immer die gleiche Kombination im Output ergeben. Änderst du jetzt eine winzige Kleinigkeit an deinem Input, beispielsweise ‚Ich bin Anfänger!', so ändert sich der Output völlig. Damit kann also der Input niemals abgeleitet werden, da auch bei minimalen Veränderungen des

Inputs ein völlig anderer Output entsteht. Jeder Output ist aber 64 Zeichen lang! Und genau dieser komplett andere Output ist derjenige, den die Hashfunktionen so wesentlich machen während der Blockchain.
Wie ich dir bereits erklärt habe, funktioniert eine Hashfunktion nur in eine Richtung. Input = Output, aber Out = Input funktioniert nicht. Selbst wenn du jetzt versuchst deinen Output als Input einzugeben, so kommt ein ganz neuer, 64 Zeichen langer Output heraus.
Soviel zu der Funktionsweise der Hashfunktionen. Es ist ganz nett, dass diese Hashfunktion nun also meinen Input in einen Hashwert (Output) umwandelt, doch hat man davon nichts, wenn man keine Ahnung hat, wie man das Ganze wieder rückgängig machen kann. Vielleicht konntest du es dir schon denken, aber diese Hashfunktionen begleiten dich den ganzen Tag über, dir ist es nur noch nie bewusst gewesen. Jeder PC arbeitet nach diesem Prinzip! Nehmen wir das Beispiel eines Passworts. Du legst ein Passwort fest. Dieses Passwort wird mithilfe der SHA-256 in einen 64 Zeichen langen Hashwert umgerechnet und abgelegt. Dein Passwort, welches gespeichert wird, ist also nicht die eigentlichen Zahlen und Buchstaben, die du eingetippt hast, sondern der Hashwert (Output). Jetzt loggst du dich aus, um dich kurze Zeit später wieder einzuloggen. Jetzt wird nicht das Passwort abgeglichen, sondern der Hashwert. Wenn dieser mit dem hinterlegten Hashwert übereinstimmt, so hast du dich eingeloggt. Wenn nicht, dann geht das muntere Rätselraten los.

Der Block der Blockchain

Wir haben uns gerade das Prinzip angesehen und vor allem haben wir beleuchtet, welche Unterschiede und Berührungspunkte es zwischen der Blockchain und unserem jetzigen Bankensystem gibt. Jetzt haben wir herausgefunden, dass jeder Netzwerkteilnehmer Informationen und Transaktionen bekommt. Eben das Stückchen vom Kuchen. Und genau dieses Stückchen vom Kuchen nennt sich Block. Daher auch der Name. Als nächstes wollen wir uns das Ganze mal ein wenig genauer ansehen. Was ist so ein Block und was genau enthält er?

Jetzt geht es schon ein wenig in die speziellere Materie. Jeder Block hat eine Nummer. Beginnend bei eins bis unendlich. Jeder Block besitzt eine Referenz (= Verweis) auf den vorangegangenen Block, sodass sich die Informationen auch alle wiederfinden, wenn sie abgerufen werden. Auch der vorangegangene Block hat diese Referenz und verweist auf den Block davor. Das Spielchen geht so weiter, bis zum allerersten Block, der den Beginn der Blockchain darstellt. So sind alle Blöcke untereinander vernetzt (= Chain, englisch Kette, steht für verkettet).

Mit dem Block Null (= Genesisblock oder auch Ursprungsblock genannt) wurde das Netzwerks geboren. Bist du später in die Blockchain hinzugekommen, so ist dein Genesisblock der Beginn deiner Transaktionen in dem Netzwerk. Neben dieser Verkettung haben die Blöcke aber noch andere Informationen, die auf ihnen gespeichert werden: nämlich deine Transaktionen und alles, was du jemals in dem Netzwerk getätigt hast. In dem Netzwerk ist viel passiert und dein Block ist voll, so entsteht dann ein neuer Block. Wenn der wieder vollgestopft mit Transaktionen ist, so kommt wieder ein neuer Block ins Spiel. Das Spielchen geht so weiter, bis zum jetzigen Zeitpunkt. Um es besser zu begreifen, gehen wir mal davon aus, dass das Netzwerk fleißig war und du bereits schon 21 untereinander verkettete Blöcke besitzt. Wenn jetzt eine neue Transaktion hereingeflattert kommt, so werden ja alle Transaktionen, die jemals getätigt wurden, überprüft. So werden auch alle 21 Blöcke von dir geprüft! Das geht bis zu den Anfängen, also dem Genesisblock eines jeden Teilnehmers zurück. Nun gehört zu einem Block auch noch der Block Header.

Dieser enthält noch einige wichtige Informationen, zu denen die Referenz, ein Zeitstempel, ein Schwellenwert und die Schwierigkeit, die Nonce, und die Merkle-Wurzel (Hashwert über Transaktionen) gehören. Darauf gehen wir aber auch noch explizit ein. Jetzt merkst du also schon, weshalb es nahezu unmöglich ist, Transaktionen zu fälschen beziehungsweise sich einfach Guthaben auf den eigenen Block zu schreiben. Denn die Blöcke enthalten nicht nur eine gültige Historie, sondern eben auch alle gültigen Ein- und Ausgänge, welche binnen des Netzwerks getätigt wurden. Ungültige Transaktionen werden blockiert. Alle gültigen Transaktionen werden durch den Prozess des Minings auf diesem Block verewigt. Bevor ich dir aber jetzt das Mining und den Miner vorstelle, möchte ich mit dir noch über den Block Header sprechen.

Block Header

Der Block Header ist ein Hashwert, welcher in sich mehrere Informationen enthält. Wie du schon gelesen hast, gehören dazu die Referenz des letzten Blocks (Header), der Zeitstempel, der Schwellenwert und die Schwierigkeit, die Nonce und die Merkle-Wurzel. All das mag dir jetzt noch vorkommen wie böhmische Dörfer, doch gehen wir sie gemeinsam Step by Step durch. Da du ja schon weißt, was eine Hashfunktion ist, wie sie funktioniert und was sie leistet, so kannst du schon mit einigen Infos etwas anfangen. Diese vorhin genannten Infos, die in dem Block Header zusammengefasst sind, werden ebenfalls mit der Hashfunktion verschlüsselt, so dass alle Informationen im Rahmen des 64-stelligen Hashwerts vorliegen.

Referenz

Die Referenz wurde vorhin schon einmal angesprochen. Letzten Endes ist eine Referenz nichts anderes als ein Hashwert, der zu dem vorangegangen Block Header, also dem vorangegangenen Block, verweist.

Nonce

Die Nonce (engl.: so viel wie ‚für dieses eine Mal') ist besonders für die Miner interessant. Sie ist eine Zahl, die die Miner hoch zählen müssen, um den Output, also den Hashwert verschiedener Blöcke, zu verändern.

Schwellenwert/Schwierigkeit

Der Schwellenwert wird vom Blockchain-Netzwerk vorgegeben und bedeutet letzten Endes nichts anderes als ein Schwierigkeitslevel, welches den Minern vorgegeben wurde. Dieser Schwellenwert ist eine Zahl. Und diese Zahl sagt den Minern, dass alle berechneten Hashwerte kleiner als der genannte Zahlenwert sein müssen. Die Hashwerte, welche nun also kleiner sind, bleiben gültig.

Merkle-Wurzel

Die Merkle-Wurzel ist nichts anderes als ein zweifacher Hashwert der Transaktionen, die in dem Block zusammengefasst wurden.

Mining und Miner

Wie du bereits weißt, werden Transaktionen auf den Blöcken gespeichert und sind jederzeit abrufbar. Plötzlich fiel das Wort Mining. Und das Mining soll dafür zuständig sein, dass die Transaktionen auf den Blöcken eines jeden Teilnehmers gespeichert werden. Sicherlich dachtest du, dass dieser Vorgang automatisch geht. Doch ganz so einfach ist das dann doch nicht. Zunächst habe ich, der Einfachheit halber, ein kleines Detail weggelassen. Es geht um Transaktionen. Die geschehen nicht ganz kostenlos. Das bedeutet also, dass Transaktionen etwas kosten. Doch anders, als wir es von den Banken kennen, so sind es keine Kosten, die festgelegt sind, sondern die von jedem Transaktionspärchen bestimmt

werden, genauer gesagt der Sender ist dafür zuständig. Fangen wir langsam an.
Eine Transaktion besteht aus einem Sender, einem Empfänger und einer Summe, die vom Sender zum Empfänger gelangen soll. Jetzt muss ein jeder Sender einer jeden Transaktion Gebühren festlegen. Jetzt gehört man also zu den ganz cleveren Personen und sagt sich: warum viel bezahlen, wenn es auch günstig geht. Natürlich, die Möglichkeit besteht. Doch schneidet man sich damit ins eigene Fleisch!
Wenn du dir jetzt einmal überlegst, wie viele Transaktionen in so einem Netzwerk stattfinden (und es sind einige), so sind natürlich besonders die lukrativ und interessant, die höhere Gebühren haben. Da wir ja wissen, dass sich Transaktionen nicht wie von Geisterhand auf die Blöcke schreiben und wir dafür Miner brauchen, ist es nur logisch, dass sich die Miner die Transaktionen herausfischen, die die höchsten Gebühren haben. An denen verdienen sie eben am meisten. Da ein Block nur begrenzt Platz hat, die Miner auch für ihre Arbeit bezahlt werden wollen, so schnappen sie sich die Transaktionen, die am besten bezahlt sind und packen sie zusammengefasst in einen Block.
Miner sind grundsätzlich bemüht, einen Block komplett zu besetzen, da ihre Arbeit mit einer hohen Rechenleistung verbunden ist. Will sagen: Wenn sie sich schon die Mühe machen, so soll es sich zumindest nicht nur finanziell lohnen, sondern auch von der Rechenleistung her. Nun besteht ein Block, wie du weißt, nicht nur aus Transaktionen, sondern auch aus dem Block Header. Hat der Miner sich also dazu

entschlossen, auf ‚Lohnsuche' zu gehen, so sind für den Miner der Schwellenwert und die Nonce wichtig.

Das hatte ich dir bereits erklärt, was das genau ist. Gehen wir einmal davon aus, dass das Netzwerk einen Schwellenwert mit einer 2 am Anfang gewählt hat. Dies bedeutet jetzt, dass alle Hashwerte kleiner als 2 sein müssen, damit der Miner sie verarbeiten kann. Jetzt begibt sich der Miner auf die Suche mithilfe der Nonce, die er hoch zählt und einen Hashwert berechnet. Ist dieser kleiner als zwei, es ist nur eine 0 oder 1 gültig, weiß der Miner, der Block wird vom Netzwerk akzeptiert. Wenn nicht, muss der Miner die Nonce weiter hoch zählen, so lange, bis es passt und der Block gültig ist. Passt alles und wurde der Block vom Netzwerk akzeptiert, so bekommt der Miner seinen Lohn und er wird sich umgehend an weitere Arbeit machen. Doch sind es nicht nur die Gebühren der Transaktion, die der Miner als Lohn bekommt. Er bekommt ebenfalls noch einen Reward. Meist ist der Reward etwas höher als die Gebühren.

Jetzt dauert es natürlich eine halbe Ewigkeit, wenn der Miner das ändern der Nonce manuell macht. Deswegen macht der Miner das nicht persönlich, sondern lässt den Computer für sich arbeiten. Je nach Schwellenwert vom Netzwerk geht es mal schnell, mal braucht der Computer einen Augenblick.

Wie der Name Mining oder auch Miner schon so schön ausdrückt, so kannst du dir diesen Vorgang wie Goldschürfen vorstellen.

Proof of Work

Jetzt ist es so, dass es diese Blöcke nicht am Fließband gibt. Das Netzwerk steuert die Schwierigkeit des Schwellenwerts so, dass alle Rechenleistung der PCs dieser Welt zusammen in etwa 10 Minuten brauchen, um den benötigten Hashwert für das Mining zu bekommen. Jetzt wirst du dich sicher fragen, was das soll.

Man könnte doch einfach Blöcke am Fließband erschaffen und alle wären glücklich. Ja wären sie vielleicht, aber ... und jetzt kommt der Clou an der ganzen Sache: Diese Begrenzung ist zwingend notwendig, da sich die Blockchain sonst von der Transparenz lösen würde. Nun, du weißt ja noch, dass ein großer Vorteil der Blockchain eben die Einsehbarkeit und klare Strukturierung ist. Prozesse werden nachverfolgt und ein neuer Block verweist immer auf den vorherigen Block. Jetzt stell dir vor, da werden Blöcke wie am Fließband hergestellt. Da wüsste keiner mehr, welcher der vorherige Block ist.

Das praktische Beispiel

Das war jetzt sehr viel theoretisches Wissen. Manch eine Sache wirst du dir sicherlich noch einmal durchlesen müssen und es ist O.K., wenn nicht alles sofort sitzt. Deshalb habe ich hier ein praktisches Beispiel für dich, wie eine Blockchain, anhand von dem Beispiel Bitcoins, funktionieren kann:

Du bist Teil eines Blockchain-Netzwerks und möchtest jetzt also eine Transaktion durchführen. Du bist Person A und manifestierst einen Transfer mit Person B. Abgesehen davon handelt Person C noch mit Person D, Person E mit Person F und Person G mit Person H. Die Transaktionen sehen wie folgt aus:

- Person A überträgt Person B 0,5 Bitcoin und bezahlt dafür 0,02 Bitcoin Gebühren.
- Person C überträgt Person D 1 Bitcoin und bezahlt dafür 0,001 Bitcoin Gebühren.
- Person E überträgt Person F 0,2 Bitcoin und bezahlt dafür 0,01 Bitcoin Gebühren.
- Person G überträgt Person H 1,5 Bitcoin und bezahlt dafür 0,9 Bitcoin Gebühren.

Was passiert jetzt? Erst einmal überprüft das Netzwerk, ob dieser Übertrag überhaupt rechtens ist. Dafür wird in allen mit einander verketteten Blöcken eines jeden Mitglieds des Netzwerks bis hin zum ersten Block geguckt, ob diese Transaktion legitim ist und niemand versucht hat, irgendwo etwas hinzu zu schummeln. Wenn diese Transaktion nun ungültig sein sollte, so wird sie umgehend aus dem System genommen und die Transaktion ist abgebrochen. Wir sind aber in einem positiven Beispiel und deswegen ist die Transaktion gültig und wird genehmigt.
Damit aber nun deine 0,5 Bitcoin bei Person B auch ankommen, braucht es die Miner, die die Transaktionen zusammenfassen, in Blöcke einschleusen und zur Weiterverarbeitung freigeben. Du weißt ja nun auch, dass der Platz in einem Block begrenzt ist und natürlich sind die Miner daran interessiert, die Transaktionen mit den höchsten

Gebühren, die die Sender selbst gewählt haben, zu verarbeiten. Schauen wir dem Miner mal über die Schulter und gehen wir mal davon aus, dass in unserem Beispiel nur 3 Plätze pro Block plus Block Header frei sind. Der Miner würde nun also die Transaktion von Person A, E und G als erstes mit in den Block nehmen, da die Gebühren für den Miner am lukrativsten sind. Er fasst die drei Transaktionen nun in einem Block zusammen und fügt den Block Header hinzu. Der Schwellenwert, welcher als nächstes für den Miner interessant wird, wird vom Netzwerk vorgegeben. Sagen wir mal, er muss kleiner als 1 sein, so ändert der Miner nun so lange die Nonce, bis der Hashwert kleiner als eins ist. Logischerweise muss er dann mit einer 0 beginnen. Hat das geklappt, wird der Block freigegeben, verkettet und innerhalb des Netzwerkes auf die typische Blockchain-Weise verankert. Der Miner erhält die Gebühren und wird gleich weiter machen, den nächsten Block zu füllen. Die Transaktionen, die im Block gespeichert wurden, werden ausgeführt und den Sendern wird der Betrag abgezogen und die Empfänger erhalten die Bitcoins.
Doch Halt. Da liegt ja noch eine Transaktion, die von Person C, die noch nicht verarbeitet wurde. Diese Transaktion war für unseren Miner aufgrund der geringen Gebühr nicht besonders lukrativ, doch wird auch diese Transaktion früher oder später mit verarbeitet. Vielleicht kommt sie mit in den nächsten Block, wenn die Gebühren für unseren Miner dann interessanter sind, spätestens aber dann, wenn weniger im Netzwerk los ist.
Wie du siehst, ist ‚billig, billig, billig' auch hier nicht lukrativ. Man sollte immer nach Richtwerten gucken, was aber ein

anderes Thema ist und für die Grundlagen eindeutig zu tief ins Detail geht.

Warum ist Blockchain nun so lukrativ?

Warum Blockchain nun lukrativer für uns alle ist, wurde ja bereits schon zwischenzeitlich einmal erwähnt. Sie ist sicherer und somit auch weniger angreifbar als die Systeme, die wir heute kennen. Halten wir uns nun noch einmal an dem Thema Bank auf, denn dort ist es tatsächlich am einfachsten erklärt. Unsere Finanzen, die wir derzeit noch über unsere Banken abwickeln, sind natürlich angreifbar. Angriffe können von Hackern kommen, es können aber auch Systemausfälle sein oder was auch immer alles passieren kann. Jetzt sind nicht nur unsere Transaktionen gefährdet, wir können auch nicht überprüfen, ob sich da nicht jemand versucht zu bereichern, denn die Freigabe bei diesem System beläuft sich nur auf die Kontodeckung. Ist genug Geld da, wird die Transaktion durchgeführt. Dabei ist es völlig egal, woher das Geld kommt. So kann sich also jemand im Stillen bereichern oder uns tatsächlich etwas wegnehmen, ohne dass wir es überprüfen könnten. Wir sind also handlungsunfähig und müssen Vertrauen haben, dass uns niemand hintergeht oder nur an seinem eigenen Wohl interessiert ist.

Bei einer Blockchain ist das anders. Alle Daten liegen offen einsehbar für jedes Mitglied des Netzwerks zur Verfügung. Abgesehen davon wird jede einzelne Transaktion abgespeichert und bei jeder neuen Transaktion überprüft. Würde man das System jetzt versuchen zu betrügen, so

müsste man alle Blöcke (also alle Daten) eines jeden Mitglieds verändern. Eine Aufgabe, die Ewigkeiten und drei Tage dauern würde, wenn man es überhaupt schafft. Abgesehen davon ist es nicht schlimm, wenn einer mal ausfällt, da die Daten weiterhin über alle anderen Teilnehmer weiterhin gespeichert sind. So beeinträchtigt ein Ausfall nicht das ganze System.
Aber nicht nur im Finanzwesen ist Blockchain interessant. Auch sensible Daten können somit innerhalb eines Netzwerks geteilt und gesichert werden. So wäre es zum Beispiel für Staatsverträge, neue wissenschaftliche Erkenntnisse oder aber auch als einfach nur privat geeignet. Du siehst also, Blockchain ist nicht nur eine Zukunftsmusik. Sie ist schon längst da.

Zusammenfassung Grundlagen

Im vorangegangenen Abschnitt haben wir die Grundlagen geklärt. Hauptsächlich hatten wir uns mit Definitionen, Theorien und Abläufen beschäftigt. Natürlich musst du, besonders am Anfang, einiges an komprimiertem Fachwissen bereitstellen und sicherlich ist der ganze Vorgang an sich auch keine Kleinigkeit, die du eben mal nebenbei erlernst. Doch wenn du dir jetzt abschließend noch einmal alle Informationen anschaust, so hast du sicher schon herausgefiltert, welche Informationen für dich auf Dauer wichtig sind und welche als nette Information am Rande (wenn man es denn dann so nennen mag) gelten.
War die Blockchain am Anfang noch ein großes Mysterium, so hast du nun begriffen, wie sie funktioniert und vor allem worin ihre Stärken liegen. Auch das Mining, den Vorgang der

‚Verstauung‘ der Transaktionen, haben wir uns angeguckt. Auch wenn du jetzt vielleicht nicht zum Miner werden möchtest, so hat es dir zumindest Einblicke gegeben, worauf du bei deinen Transaktionen achten solltest, um deine Transaktionen schnellstmöglich abschließen zu können. Solltest du dich eher für das Mining interessieren, so weißt du nun, wie du mithilfe der Nonce und der Hashfunktion an deinen Lohn kommst und wie du das alles bewerkstelligst. Aller Anfang ist schwer. Doch jetzt stehst du schon gar nicht mehr am Anfang, sondern du hast schon eine Menge gelernt. Deshalb wollen wir gleich weitermachen.

Kapitel 3: Konzepte

Die Blockchain selbst unterteilt sich noch einmal in drei verschiedene Formen. Du wirst in den folgenden Abschnitten das Prinzip der Blockchain immer wiederfinden, doch sind bei den 3 Konzepten ein paar Unterschiede, die wir uns jetzt Step by Step angucken wollen. Wir wissen ja, dass alle Informationen innerhalb einer Blockchain aufgeteilt werden. So wird in jedem Fall sichergestellt, dass es keine Autoritäten oder auch Zentren gibt, um die sich alles dreht und die das Sagen haben.

Wir hatten uns vorhin viel am Beispiel in der Finanzwelt orientiert, doch wissen wir auch, dass es nicht nur Finanzen sind, für die die Blockchain interessant ist. Gehen wir mal weg von den Finanzen und halten es allgemeiner. Die Informationen, die in einer Blockchain hinterlegt werden, werden in einem Ledger geschrieben. Was ist nun ein Ledger? Dafür benötigen wir keine großen Worte. Ein Ledger ist nichts anderes als ein Buch, in welchem alle Informationen und Vorgänge aus der Blockchain hinterlegt werden. Doch ist es dieses Ledger, welches bei den Konzepten der Blockchains doch noch eine große Rolle spielen soll.

Öffentliche Blockchains

Öffentliche Blockchains meint in diesem Fall nicht, dass jeder beliebige Mensch daran teilhaben kann. Er muss in jedem Fall Teil des Netzwerks sein. Aber, und das ist das

Erkennungsmerkmal bei dieser Blockchain: Es gibt ein öffentliches, zentrales Ledger. Bitcoin beispielsweise arbeitet nach diesem Prinzip.

Nun gibt es hier ein öffentliches Ledger und das bedeutet, dass die Informationen für jeden einsehbar sind. Es liegt in der Mitte und der Ist-Wert eines jeden Teilnehmers ist dort verzeichnet. Finden nun Transaktionen statt, so werden sie in diesem Ledger verewigt.

Diese Art des Netzwerks arbeitet vorzugsweise mit Open Source

Permissioned Blockchains

Nun gibt es auch das Konzept, Ripple bevorzugt es, welches die Rollen auf die einzelnen Teilnehmer des Netzwerks aufteilen. Bei diesem Konzept kommen dann die Miner ins Spiel. Auch liegt das Ledger nicht öffentlich in der „Mitte", sondern wird auf die einzelnen Teilnehmer aufgeteilt, so dass jeder eine Kopie des Transaktionenbuchs hat. Wenn du dich jetzt fragst, wie jeder zu einer aktuellen Kopie kommt, möchte ich dich wieder auf die Miner verweisen. Diese sind ja nicht nur zum Blöckeschreiben zuständig, sondern sie sorgen auch dafür, dass jeder Teilnehmer des Netzwerks eine aktuelle Kopie des Geschehens bekommt. Du siehst also, es unterscheidet sich nicht sonderlich viel von der öffentlichen Blockchain, doch gibt es Unterschiede.

Dieses Netzwerk kann mit Open Source arbeiten, muss es aber nicht.

Private Blockchains

Diese Blockchain ist, wie der Name schon sagt, privat. Hier wird eher weniger mit Kryptowährung gearbeitet. Vielmehr geht es in dieser Blockchain um einen Austausch von Informationen, Sicherung spezifischer Daten und Verträge.
In privaten Blockchains sind die Teilnehmer streng kontrolliert und reduziert. Nicht jeder darf mitmachen. Daher ist das Netzwerk erheblich kleiner als die der permissioned Blockchains oder der öffentlichen Blockchains.

Berührungspunkte

So unterschiedlich alle drei Konzepte unter dem Strich auch sind – nicht nur von der Struktur, sondern auch von den Transaktionen –, so haben sie doch eines in jedem Fall gemeinsam: die Kryptographie.
Die Kryptographie wird benötigt, um das Ledger sicher zu verwalten, ohne das eine zentrale Macht eingesetzt werden muss. Was heißt das jetzt? Hätten wir eine zentrale Macht, die die Verwaltung der Transaktionen und den Austausch, beziehungsweise die Sicherung der Daten, nun verwaltet, so wären wir wieder bei dem uns bekannten Prinzip des Vertrauens. In dem Fall würde einer alles wissen und hätte die theoretische und auch praktische Möglichkeit, die Transaktionen, den Austausch und die Sicherung der Daten zu verfälschen oder aber zu seinen Gunsten zu ändern. In jedem Fall könnte diese Autorität Einfluss darauf nehmen, was es ja gerade zu verhindern gilt. Und genau da kommt die

Kryptographie ins Spiel. Sie ist ein Kernelement der Blockchains, da die Kryptographie den Wegfall einer zentralen Macht bedeutet. Erst sie macht die Blockchains zu dem System, was hoch gelobt ist: ein offenes und gleichzeitig unheimlich sicheres Netzwerk, welches den Austausch von Daten oder Transaktionen so sichert, dass sie nahezu unmanipulierbar werden.
Da die Kryptographie ein so wesentliches Sicherheitsmerkmal bei der Blockchain ist, wollen wir dort als nächstes einmal etwas genauer hinschauen und gucken, was das überhaupt ist, wie es funktioniert und dann erklärt sich auch, wieso sie die Blockchain so sicher macht.

Kryptographie

Kryptographie wird gerne und oft mit Kryptologie verwechselt. Die beiden Sachen haben aber nicht viel gemein. Einleiten möchte ich dieses Thema gern mit einer Definition, die wir dann im folgenden Abschnitt nach und nach durchgehen werden.

*„Die **Kryptographie** verändern im Grunde Informationen derart, dass sie auf den ersten Blick nicht mehr sinnvoll verstanden werden können. Informationen werden dann verschlüsselt, wenn sie nicht von jedem gelesen werden sollen."*

(www.blockchainwelt.de, 07.09.2018)

Bevor wir jetzt anfangen, die Definition komplett auseinander zu bauen, um sie häppchenweise zu analysieren, möchte ich mit den Zielen der Kryptographie beginnen. Die bestehen aus vier Thesen: Intimität, Unversehrtheit, Authentizität und Verbindlichkeit.

Beginnen wir mit der **Intimität**. Dabei soll auf Nummer sicher gegangen werden, dass auch wirklich nur derjenige die Nachricht oder Daten empfängt, für den sie auch bestimmt waren. Es soll also ausgeschlossen werden, dass jemand anderes die Nachricht oder Daten abfängt oder sie bei dem falschen Adressaten ankommen.

Die **Unversehrtheit** sagt ja eigentlich schon vieles selbsterklärend aus. Hiermit ist natürlich gemeint, dass die Nachricht oder die Daten so ankommen, wie es geplant war, und nicht unterwegs verändert wurden.

Die **Authentizität** stellt hingegen sicher, dass der Initiant (Urheber) immer erkennbar ist und jeder nachprüfen kann, wer die Nachricht oder die Daten erstellt hat.

Verbindlichkeit, das soll nichts anderes aussagen, als dass der Initiant nicht die Urheberschaft der Nachricht oder der Daten abstreiten kann.

So alt wie die Menschheit und trotzdem neu interpretiert. Man könnte auch sagen, was so alt ist, kann nur gut sein, und dem ist auch so. Kryptographie wird seit Menschengedenken angewandt und erhält besonders in der heutigen Zeit einen hohen Stellenwert. Und tatsächlich ist Kryptographie eine Angelegenheit, die uns nicht nur in der Blockchain begegnet.

Sie begegnet uns jeden Tag, ausnahmslos. Denk nur an einen PIN für deine EC-Karte oder deine E-Mail-Passwörter.

Nun, mit dem Basiswissen dürfte der Rest jetzt nicht mehr schwerfallen. Wir erinnern uns daran, dass innerhalb der Blockchain der SHA-256 verwendet wird. Ein kurzer Rückblick: Das war der Algorithmus, welcher die Verschlüsselung in 256 Bit, 32 Byte mit 64 Zeichen wiedergibt. Du wirst dich jetzt daran erinnern, dass du Informationen eingibst, der SHA-256 es dann umwandelt und egal was du im Input änderst, der Output wird sich sofort und zusammenhangslos verändern. Und genau das ist die Kryptographie, auf die die Blockchain zurückgreift!

Zusammengefasst lässt sich also sagen: **SHA256** = **Kryptographie** = **Verschlüsselung der Blockchain.**

So weit, so gut. Innerhalb der Blockchain weißt du nun also schon, dass dieser SHA-256 einen wesentlichen Platz hat. Nun werden wir aber noch spezifischer. Du erinnerst dich ebenfalls an die Miner, die die Blöcke mithilfe der SHA-256 verschlüsseln und die vom System freigegeben werden.
Wir wissen auch noch, dass die Blöcke aneinander gekettet werden. Das passiert ebenfalls mit der SHA-256. Nun wollen wir uns das anhand der Kryptographie noch einmal etwas verdeutlichen.
Gehen wir nun also davon aus, dass der erste Block geschrieben und verschlüsselt wurde. Diesen Block legen wir jetzt zur Seite. Dann nehmen wir unsere Arbeit wieder auf.

Wir suchen uns die Transaktionen heraus, die wir gern mit in den nächsten Block nehmen würden, und verpacken sie. Anschließend verschlüsseln wir den Block und jetzt kommt die Kryptographie zwischen den Blöcken ins Spiel. Der neue Block soll jetzt auf dem anderen Block abgelegt und dort fest verankert werden. Nun suchen wir mithilfe des Block Headers, in dem unsere Information der Referenz (die Info, die auf den vorherigen Block verweist) gespeichert ist, den vorangegangenen Block und fixieren den neuen Block auf den vorherigen Block. Und mit Fixieren meine ich fixieren. Wir könnten uns auch vorstellen, dass wir einen wahnsinnig starken Kleber haben, der nahezu unkaputtbar ist. Wir streichen die Oberfläche des ersten Blocks damit ein und kleben den zweiten Block oben drauf. Jetzt kommt der Clou bei der Sache! Wir produzieren fleißig weitere Blöcke und kleben die nach dem gleichen Prinzip immer schön auf den vorangegangenen Block.

Nun entsteht eine Blockchain, eine Blockkette, die so fest zusammen ist, dass, würdest du versuchen einen Block zu verändern, du die ganze Kette sprengen würdest. Du müsstest die ganze Kette auseinanderreißen, um an den einen Block zu kommen. Selbstverständlich – und dafür musst du nicht einmal einen hohen IQ besitzen – würde das innerhalb des Netzwerkes umgehend auffallen. Immerhin versuchst du gerade das Netzwerk von Grund auf zu sprengen. Da wir ja wissen, dass nur abgeschlossene Blöcke in die Kette kommen, würden alle Teilnehmer des Netzwerkes sofort Bescheid wissen, dass du versuchst die Vergangenheit zu ändern. Du würdest sprichwörtlich auffallen wie ein bunter Hund.

Dabei ist die Intention deines Vorhabens egal. Es ist unwichtig, ob du dir mehr Geld geben möchtest, Transaktionen manipulieren willst oder gar vorhast, diese zu löschen, du würdest in Nullkommanichts auffallen und vor allem wüsste jeder, dass du diese Blockchain gerade zerstörst. Nun wirst du sicherlich sagen: Ja, alles schön und gut, aber ich weiß ja nun, wie diese Kryptographie in Bezug auf die Blockchain funktioniert. Noch mehr, ich weiß, dass ich die Lösung im Output der Hashfunktion SHA-256 suchen muss.

Da werde ich dir sagen, dass du dich besser nicht zu früh freuen solltest. Nun ist es einleuchtend, dass je mehr Blöcke diese Blockchain enthält, je sicherer wird sie. Das ist logisch. Aber nicht nur sicherer wird sie, sondern auch nahezu unzerstörbar. Denn der kryptographische Kleber hält die Kette so unglaublich fest zusammen. Nun möchtest du aber versuchen, diesen einen Block, an dem du manipulieren magst, komplett aus der Kette zu lösen. Theoretisch wäre das möglich. Du müsstest ihn kryptographisch entschlüsseln.

Wie du aber von den Hashfunktionen noch weißt, sind die Hashwerte ja bewusst so programmiert, dass sie zufällig und ohne erkennbare Basis operieren. Versuchst du nun also diesen einen Block zu lösen, müsstest du die Hashwerte herausfinden. Um das zu bewerkstelligen, zumal ja alle zehn Minuten die Kette überprüft wird und neue Informationen oben auf der Kette landen, bräuchtest du nicht nur Unmengen an Zeit, sondern auch unglaublich viel Geld. Denn du brauchst eine hohe Rechenleistung, besser noch ein Netzwerk an Rechenleistung, um diese Hashwerte überhaupt rauszubekommen.

Da stellt sich dann die Frage von Aufwand und Nutzen. Ziemlich schnell wirst du einsehen, dass dein Unterfangen sinnfrei ist und du dadurch absolut keinen Cent gewonnen hast. Spätestens auf der nächsten Rechnung vom Stromanbieter wirst du dich schwarzärgern. Die Nachzahlung dürfte den Rahmen der manipulierten Transaktion um ein Mehrfaches übersteigen. Also ist das Fazit dazu: Kryptographie macht die Blockchain unglaublich sicher. Je mehr Blöcke also kryptographisch aneinander gekettet wurden, je sicherer und unzerstörbarer wird die Blockchain.
Das Mittel der Wahl heißt also: Kryptographie.

Blockchain und was sagt die Energie?

Genau das ist derzeit noch ein kleines Manko, was die Blockchain aufweist. Der Energieverbrauch, aber auch Speicherkapazität ist recht hoch. Nun, das ergibt sich ja schon aus den bereits genannten Gegebenheiten. Fangen wir aber bei der Rechenleistung an.
Damit all dieses so funktioniert, wie wir es bereits festgehalten haben, braucht es natürlich Rechenleistung. Ein Hashwert berechnet sich nicht von allein und wenn du zum Beispiel als Miner Geld verdienen willst, so musst du halt schneller sein als die anderen Miner. Das kannst du aber nur, wenn du den passenden Schwellenwert, beziehungsweise den passenden Hashwert zum vorgegebenen Schwellenwert, schnell erreichst. Das benötigt immer noch jede Menge Rechenleistung.

Und Rechenleistung wiederum setzt eine Energiequelle voraus. Unterm Strich bedeutet das: Je mehr Rechenleistung du hast, je höher ist der Stromverbrauch. Damit du als Miner aber überhaupt halbwegs lukrativ arbeiten kannst, brauchst du die Rechenleistung und nimmst somit den hohen Stromverbrauch in Kauf. Du siehst also, du kannst dein Glück als kleine Privatperson also beim Mining probieren, doch wirst du schnell auf den Boden der Tatsachen zurückgeholt. Du wirst kaum Fuß fassen, zumal es da andere Strukturen gibt, die sich regelrecht organisiert haben. Das sind die sogenannten Miningfarmen. Und die möchte ich dir als nächstes vorstellen.

Miningfarmen

Da das Mining besonders zu Beginn der Blockchains sehr interessant und lukrativ war, so war es letzten Endes nur eine Frage der Zeit, bis die großen Fische darauf aufmerksam wurden. Es sind sogenannte Miningfarmen entstanden. Hauptsächlich kommen diese aus asiatischen Ländern. Hier in Europa, aber auch den Vereinigten Staaten wären die Strompreise einfach zu hoch, damit es überhaupt auch nur ansatzweise lukrativ wäre. Nun entstehen also besonders in Asien Miningfarmen. Das sind Leute, die hocken zusammen und machen den lieben langen Tag nichts anders, als ihrem Job als Miner gerecht zu werden.

Doch sind diese Miner keine Privatpersonen wie du und ich. Es sitzen Firmen und somit Interessen dahinter. Das gesamte Vorhaben könnte man also auch als einen zukünftigen Interessenkonflikt bezeichnen. Aber darauf möchte ich später noch einmal zurückkommen. Warum sitzen also Firmen dahinter? Weil Privatpersonen weder die Rechenleistung noch die Kosten der horrenden Stromverbräuche abdecken könnten. So oft habe ich ja bereits schon den enormen Aufwand beschrieben, der dahinter hängt. Jetzt beauftragen also große Konzerne Menschen damit, dem Mining nachzugehen. Diese Konzerne haben die Rechenleistung, aber auch das Geld, das Mining für sie interessant zu machen. Du kannst dir schon denken, dass das kein Vorteil ist und sicher nicht im Sinne der Demokratie und genauso ist es auch.

Nur um eine Zahl zu nennen, die allerdings noch nicht bestätigt wurde: Ein Viertel des gesamten Stromverbrauchs der asiatischen Länder, im Mittelpunkt steht aber zweifelsfrei China, geht für das Mining und die Miningfarmen drauf. Ein Viertel! Unglaubliche Verbräuche kommen da zusammen und das wird nicht besser werden. Die Daten wachsen bei der Blockchain ja kontinuierlich, sofern eine Blockchain fortgesetzt wird. Nun ist es nur logisch, dass das Sprichwort „höher, weiter, schneller“ eine ganz neue Bedeutung bekommt. Immer mehr Rechenleistung muss her, damit eine Miningfarm konkurrenzfähig bleibt.

Immer mehr Geld muss für den Energieverbrauch in die Hand genommen werden, denn mehr Rechenleistung bedeutet auch gleichzeitig mehr Energie. Von nichts kommt eben auch nichts. Abgesehen davon unterwandern diese Miningfarmen den demokratischen Sinn einer Blockchain. Ich will aber hier nicht alles vorwegnehmen. Denn was jetzt folgen würde, würde zu den Nachteilen beziehungsweise Angriffspunkten einer

Blockchain gehören. Und darauf möchte ich als nächstes eingehen!

Nachteile und Angriffspunkte

Ich habe bereits schon einige Nachteile angeschnitten. Was mittlerweile einleuchtend sein dürfte, ist die enorm hohe Rechenleistung, die bei der Blockchain benötigt wird. Aber auch die Speicherung der Daten, die innerhalb des Netzwerkes ja auf alle Teilnehmer umgelegt wird, erfordert eine hohe Speicherkapazität. All das ist mit horrenden Energiekosten verbunden, die parallel zur Blockchain mit jedem Transfer weiter anwachsen. Interaktion innerhalb einer Blockchain bedeutet mehr Rechenleistung, bedeutet mehr Energiekosten, bedeutet Miningfarmen, bedeutet mehr Interaktion und dann schließt sich der Kreis oder besser gesagt die Aufwärtsspirale und setzt sich wieder vom Anfang fort.

Aber nicht nur die damit verbundenen Kosten sprengen bald den Rahmen für Privatpersonen. Dieser Zustand ist es, der die Blockchain für große Unternehmen und deren Interessen attraktiv machen. Sie haben das Kapital und die Rechenleistung, Miningfarmen zu unterhalten. Sie bereichern sich dementsprechend nicht nur an der Blockchain, sondern können sich auch Interessen widersetzen. Jetzt fragst du dich, wie so etwas möglich ist. Das ist eigentlich ganz einfach. Die Miner sind es ja letzten Endes, die die Transaktionen innerhalb der Blockchain in Blöcke zusammenfassen und freigeben. Jetzt überlege dir mal, da sind Miner, die für einen Konzern arbeiten. Diese Miner sind bemüht die Transaktionen für den

Konzern, für den sie arbeiten, vorzuziehen. Die anderen Transaktionen müssen warten, bis sie dann eben genommen werden. Das Ganze ist also ein wirtschaftlicher Interessenkonflikt. So erwirtschaften große Konzerne nicht nur mehr Geld, sondern können auch ihre Gegenspieler ausbremsen und in Schach halten. Das bezieht sich aber nicht nur auf das Finanzwesen. Über diese Miningfarmen bekommen Konzerne auch die Macht, sich gegen Änderungen, die den Gewinn schmälern würden, zu wehren. Sie können die Entwicklungen, die nicht nur notwendig, sondern auch wichtig sind, hinauszögern.

Du siehst also, innerhalb der Blockchain entstehen also auch Interessenkonflikte, die die Demokratie schmälern. Doch sind die Opfer dieser Miningfarmen nicht ganz machtlos. Sie haben natürlich auch die Möglichkeit, sich zur Wehr zu setzen, indem sie andere Miner versuchen auf ihre Seite zu ziehen und somit eine Miningfarm zu gründen, die als Gegenspieler fungiert.

Grundsätzlich darf man aber nicht vergessen, dass eine Blockchain nur dann existiert, wenn es Teilnehmer gibt, die diese mit Daten beziehungsweise Transaktionen füttern. Würden nun die Opfer aus der Blockchain austreten, so würde sich die Teilnehmerzahl reduzieren. Eine Blockchain, beziehungsweise die Sicherheit der Blockchain, lebt aber geradezu davon, dass sie aus vielen Teilnehmern besteht. Wenn es weniger werden, so wird die Blockchain auch „unsicherer“, manipulierbarer. Das kann, muss aber nicht, soweit runter gehen, bis es keinen Sinn mehr macht, in dieser Blockchain zu interagieren. Das ist natürlich nur ein Beispiel für eine negative Blockchain. Das heißt noch lange nicht, dass jede Blockchain dem Untergang geweiht ist.

Die Grundlagen zusammengefasst

Auf den vergangenen Seiten haben wir die Blockschokolade zu einer Revolution im Transaktionswesen geformt. Eine schwierige Materie, die einiges an Wissen voraussetzt. Wenn du dich insgesamt einmal daran erinnerst, dass du am Anfang nicht einmal genau verstanden hast, was eine Blockchain sein soll und wofür sie gut ist, welche Vor- und auch Nachteile sie besitzt, so bist du nun mit einem guten Basiswissen ausgestattet. Zumindest in den Grundlagen. Wenn dich nun jemand fragt, was eine Blockchain ist, so kannst du ganz genau beschreiben, was ein Block ist, was in einen Block gehört und wie die Blöcke untereinander verknüpft sind. Du kennst die Hashfunktionen und weißt, dass diese die kryptographische Verschlüsselung sind, mit denen die Blöcke zusammen gepappt sind. Du weißt ebenfalls über das Mining und die Miner Bescheid. Auch kennst du die großen Miningfarmen und den enorm hohen Energieverbrauch, der mit dem Mining nicht zu verachten ist. Natürlich, bei allen positiven Eigenschaften, die die Blockchain hat, gibt es aber auch einige negative Aspekte, die wir beleuchtet haben.
Wir haben die drei Konzepte kennengelernt, die bei der Blockchain vertreten sind.
Unterm Strich weißt du jetzt, worauf es bei der Blockchain ankommt: Informatik, Kryptographie und Ökonomie. Denn auf diesen drei Säulen beruht das gesamte Prinzip.

Die Blockchain ist ein sehr wandelbares System. Nicht nur sicher, sondern auch mit der Fähigkeit ausgestattet, sich zu erweitern. Und genau dieser Vorgang läuft die ganze Zeit. Also wundere dich nicht, wenn du dieses Buch in der Hand hältst, es bis hier gelesen hast und manch neue Fakten und Errungenschaften noch nicht genannt wurden. Aber das ist auch gut so. Stillstand ist der Tod aller Dinge – auch der Blockchain.

Wir haben ebenfalls kurz die Kryptowährung angeschnitten und ein ganz kurzes Beispiel dazu nachvollzogen. Doch gucken wir uns das Prinzip der Blockchain in Bezug auf Kryptowährung noch genauer an.

Du bist jetzt insofern mit den Grundlagen vertraut, dass du dich anhand der Informationen, die du erhalten hast, grob in der Blockchain-Welt orientieren kannst und zumindest nicht mehr ganz so schnell über den Tisch gezogen wirst.

Mit Sicherheit gibt es Bücher, die noch mehr ins Detail gehen an der ein oder anderen Stelle, doch sind dies keine Bücher für Anfänger, sondern Bücher für Könner. Da ich dich aber auf dem Weg von unserer Blockschokolade bis hierher begleitet habe bei den Grundlagen, kannst du zurecht stolz auf das Wissen sein, was du dir in dieser Zeit bis zu diesem Zeitpunkt jetzt angeeignet hast. Auch wir beide werden gleich noch den nächsten Schritt wagen und die Blockchain in Zusammenhang mit der Kryptowährung bringen. Wie ich dir ganz zu Anfang des Buches sagte, wird auch dieser Teil einfach beschrieben sein. Und unter uns, den schwierigsten Teil hast du jetzt hinter dich gebracht. Denn eine Blockchain mal eben locker, flockig, leicht zu erklären ist nicht einfach. Sie zu begreifen ist noch viel schwieriger. Von daher sammle dich noch einmal und gehe dein bisher angeeignetes Wissen durch, ehe wir einen neuen Mitspieler mit ins Boot holen: die Kryptowährung.

Kapitel 4: Asymmetrisches Kryptosystem

Das asymmetrische Kryptosystem, auch digitale Signatur genannt, ist der Gegenspieler der Blockchain und sollte deshalb ebenfalls kurz vorgestellt werden.
Zwischen der Blockchain und der digitalen Signatur gibt es einige Berührungspunkte. So arbeiten beide Konzepte mit einer Hashfunktion. Bei dem asymmetrischen Kryptosystem ist dies allerdings die SHA-1.
Die Sicherheit dieses Systems soll ebenfalls sehr hoch sein und es gilt als praktisch unmöglich, eine Signatur zu verfälschen oder gar komplett zu fälschen. Doch über eine gewisse Formel, die berechnet werden kann, ist es theoretisch möglich, eine Signatur zu verfälschen. Grundsätzlich kann man aber sagen, dass das asymmetrische Kryptosystem sich hauptsächlich in der Kryptographie von der Blockchain unterscheidet, also in der Verschlüsselung und Entschlüsselung der Daten, Transaktionen und Interaktionen.

Kapitel 5: Kryptowährungen

Die Kryptowährung ist ein Zahlungsmittel, welches in der digitalen Welt existiert. Sie ist nur bedingt mit den Währungen vergleichbar, die wir heute auf der Welt haben. Als Einordnung in der gleichen Gewichtigkeit sind sie aber sehr umstritten, wenngleich die Kryptowährung einige Vorteile, aber auch Nachteile mit sich bringt. Wie in jedem anderen Fall auch, gibt es immer zwei Seiten der Medaille.

Derzeit gibt es 4500 verschiedene Kryptowährungen. Nur etwa ein Viertel erreicht einen Umsatz von 10.000 US Dollar täglich. Meist ist die Kryptowährung privater Natur. Erst Venezuela hat eine staatliche Kryptowährung ins Rennen geschickt. Sie scheiterte gnadenlos.

Die Kryptowährung basiert zum einen auf der Blockchain, zum anderen aber auf digitalen Signaturen (= asymmetrisches Kryptosystem). Wenn man so will, ist die digitale Signatur der Gegenspieler der Blockchain.

Kleine Info am Rande

In diesem Buch soll es um die Blockchain gehen. Da die Kryptowährung aber ein wesentlicher Bestandteil der Blockchain ist, werden wir sie kurz anschneiden. Die Informationen sollen allerdings nur im Groben, nicht im Detail, erklären, was Kryptowährung bedeutet und was sie ist. Um ins Detail zu gehen, könnte man ein ganz eigenes Buch schreiben. Dies würde also den Rahmen innerhalb der Blockchain sprengen und das eigentliche Thema, eben die Blockchain, an den Rand drücken. Selbstverständlich, wenn du dich damit schon auseinandergesetzt hast, wird dir auffallen, dass die ein oder andere Information fehlt. Dennoch sollte es als allgemeiner Überblick und zum Verständnis ausreichen, um alles in Bezug zur Blockchain stellen zu können.

Kryptowährung im Allgemeinen

Wie du es schon weißt, basiert der Handel mit der Kryptowährung (Bitcoins und dergleichen) auf einem dezentralen System. Wie es bei der Blockchain bekannt ist, wird die Speicherung und Sicherung aller Daten innerhalb des Netzwerks auf alle Teilnehmer aufgeteilt. Anders als es bei unserer realen Währung der Fall ist – sie ist unendlich –, so ist die Kryptowährung es nicht. Zu Beginn wird gleich eine festgelegte Einheit der Kryptowährung vom Erschaffer oder dem Netzwerk festgelegt und ist nicht mehr änderbar. Damit unterscheidet sie sich grundlegend von der realen Währung.
Ebenfalls ist die Kryptowährung im Vergleich zu dem ‚Zentralbankgeld' (die Währungen in der realen Welt) eine Währung, die bis auf ihren Wert des Gebrauchs keinen weiteren Wert erfüllt. Doch was heißt das jetzt genau? Es bedeutet, dass die Kryptowährung nur so lange Bestand hat, wie alle Benutzer (Bezieher und Zahler) es akzeptieren. Die Kryptowährung hat so gesehen keine Macht in der realen Welt und du könntest damit auch keine Rechnungen und Schulden bezahlen, sofern derjenige, den du bezahlen willst, nicht damit einverstanden ist.

Derzeit ist in Deutschland nur die Kryptowährung Bitcoin als Rechnungseinheit offiziell zugelassen. Für die Besitzer bedeutet dies, dass es rechtliche und steuerliche Vor-, aber auch Nachteile mit sich bringen kann. Der Bitcoin wird als Devise verglichen, aber besitzt keinerlei Rechte, wie es das gesetzliche Zahlungsmittel (in unserem Fall der Euro) hat.

Wie funktioniert Kryptowährung?

Kryptowährungen, wie du bereits weißt, werden nicht von Banken reguliert, da sie digital sind. Sie werden grundsätzlich von privaten Menschen ins Leben gerufen. Diese legen auch fest, wie viele Einheiten einer Kryptowährung es gibt. Aber auch wird der Wert der Kryptowährung von diesen Menschen festgelegt. Grundsätzlich unterteilt man die Teilnehmer in aktive und passive Teilnehmer. Passive Teilnehmer besitzen lediglich die Kryptowährung, wohingegen die aktiven Teilnehmer auch mit der Währung handeln oder einkaufen. Die aktiven Teilnehmer legen anhand ihrer Transaktionen fest, wie viel Kryptowährung im Umlauf ist und auch kommt. Dabei ist das Mining wieder ein Thema. Dort werden ja die Transaktionsgebühren und der Reward von den Minern eingestrichen. Also wird festgelegt, anhand der Hashfunktion beziehungsweise dessen Lösung, wie viel Kryptowährung im Umlauf gehalten wird. Und jetzt, damit sich der Kreis wieder schließt, kommen wir auf die Blockchain zurück. Über das Prinzip der Blockchain, welches du bereits kennst, wird diese Kryptowährung in Umlauf gebracht, aber auch verwaltet. Die Verschlüsselungen dieses Systems sind mit das Sicherste, welches es derzeit gibt. Doch bleibt Kryptowährung Kryptowährung und ist kein derzeit anerkanntes Zahlungsmittel, wie der Euro oder der Dollar. Trotzdem hat die Kryptowährung ein enormes Potenzial, wenngleich es auch erst noch in den Kinderschuhen steckt. Denn offiziell gibt es die Kryptowährung erst seit 2008. Gerade einmal zehn Jahre. Nicht viel Zeit, um sich gegen Jahrtausende durchzusetzen. Trotzdem boomt die Kryptowährung und jeder möchte ein Stück vom Kuchen abhaben. Ob diese Währung unseren Euro, Dollar oder eine andere Währung irgendwann einmal, gemeinsam mit der Blockchain, ablöst, bleibt abzuwarten.

Vor- und Nachteile im Kurzen

Zu den großen Vorteilen der Kryptowährung zählen also eindeutig die Schutzmechanismen, die auf der Blockchain basieren. Auch das System der Blockchain, also das Verteilen der Daten auf alle Teilnehmer, ist sicherer und nachvollziehbarer als das zentrale System, welches in der ‚realen' Welt vollzogen wird. Will man nun also auf Sicherheit setzen, so ist man bei der Kryptowährung und der damit verbundenen Blockchain goldrichtig.

Doch gibt es auch Stimmen, die vor der Investition in Kryptowährung warnen. So meinen einige Experten, dass sich die Kryptowährung zu einer Blase, ähnlich die der letzten Finanzkrise, aufblähen und platzen kann. Das liegt daran, dass die Anteile der Kryptowährung künstlich ins Unermessliche hoch gepusht werden können. Ob dem so ist oder nicht, bleibt abzuwarten.

Die Entscheidung, in Kryptowährung zu investieren, die muss jeder letzten Endes für sich selbst entscheiden.

Bekannteste Kryptowährungen

Die Mutter aller Kryptowährungen ist der Bitcoin. Er war der Erste seiner Art und mit ihm fing der ganze Hype um Kryptowährung und Blockchain an. Ihm folgten im Anschluss Ethereum und XRP. Den meisten dürfte aber auch der Litecoin oder Monero ein Begriff sein. Dash ist auch noch recht bekannt, wenn man sich mit dieser Thematik auseinandergesetzt hat. Hier alle 4500 Währungen aufzuzählen ist mühsam, zumal sich die Anzahl auch jeden Tag ändert. Daher sollten wir es bei diesen fünf Kryptowährungen belassen. Wenn du aber mehr darüber wissen möchtest, so finden sich im Internet Listen, in denen du alle Kryptowährungen übersichtlich aufgeführt bekommst.

Kapitel 6: Smart Contracts

Nun wird nicht nur Kryptowährung über das System der Blockchain geteilt. Ein Gegenpol dazu sind die Smart Contracts, die ich dir auch vorstellen möchte. Hier gilt dasselbe wie bei der Kryptowährung. Man könnte ein eigenes Buch damit füllen, doch ist das nicht das Thema. Hier soll es weiterhin um Blockchains im Fokus gehen.

Was sind Smart Contracts?

Grundsätzlich sind Smart Contracts computergenerierte Protokolle, die Verträge, Verhandlungen oder Abwicklungen beinhalten. Smart Contracts kommt aus dem Englischen und bedeutet kluge Verträge. Der Vorteil der Smart Contracts, die nur innerhalb einer Blockchain funktionieren, liegen auf der Hand. Das sichere und vor allem dezentrale System der Blockchain ersetzt eine dritte, neutrale Partei, die es bei der Gewährleistung der Rechtssicherheit benötigt. Dank der Blockchain sind Smart Contracts gültig und sicher verwahrt, selbst wenn einer der Beteiligten aus dem Vertrag aussteigen möchte oder ihn gar für nichtig erklärt.

Der Verzicht der neutralen Person, in den meisten Fällen ist dies die Aufgabe des Notars, ergibt sich aus der Blockchain heraus. Die Einhaltung, aber auch die Überwachung der geschlossenen Verträge erfolgt innerhalb der Blockchain und sichert somit zu jeder Zeit die Gültigkeit, ohne dass es zu

Verzögerungen kommt, die ein Abkommen oder dessen Ausführung behindern oder aushebeln.
Doch sind Smart Contracts dank der Blockchain schon heute etabliert. Es werden nicht nur Verträge und Beschlüsse zwischen Staaten dort festgehalten. Tatsächlich ist es so, dass man in den Vereinigten Staaten heute schon über die Blockchain heiraten kann. Das Verfahren ist natürlich Geschmackssache und nicht jeder findet es gut, dass der Ehemann in Florida ist, während die Ehefrau in New York sitzt und ihre Ehe mittels eines QR-Codes geschlossen wird. Doch die Möglichkeit besteht. Und mit diesem Bestand erkennt man auch die Wichtigkeit und Bedeutung der Smart Contracts innerhalb der Blockchain.

Zukunftsmusik oder Trugschluss?

Die Smart Contracts haben besonders in Zusammenhang mit der Blockchain, oder aber auch gerade wegen des Systems der Blockchain, ein sehr großes Zukunftspotenzial. Es dürfte also auf der Hand liegen, dass Smart Contracts die Verträge der Zukunft sind, und auch die Testläufe, wie beispielsweise das Heiraten über einen QR-Code, verlaufen allesamt positiv. Es ist nur noch eine Frage der Zeit, bis die Smart Contracts gemeinsam mit der Blockchain auch in unseren Ämtern zum Regelfall werden. Zumindest ist dies nach jetzigem Standpunkt eine Technologie, die sich im Laufe der Zeit durchsetzen wird.

Kapitel 7: Die Zukunft der Blockchain

Das System der Blockchain ist ein System, welches sehr viel Potenzial für die Zukunft besitzt. Grundsätzlich ist nicht ausgeschlossen, dass sie das führende System werden wird. Natürlich muss es sich erst einmal etablieren. Auch manches Problem muss noch „smart“ gelöst werden. Immerhin ist der derzeitige Stand der Blockchain so, dass sie noch enorme Speicherkapazität benötigt und der Energieverbrauch ist ebenfalls nicht zu unterschätzen. Doch berücksichtigt man den technischen Fortschritt innerhalb der letzten fünfzig Jahre, so kommt man aus dem Staunen nicht mehr heraus. Noch vor fünfzig Jahren gehörten unsere Smartphones zu der Science-Fiction, wie auch Star Trek. Heute sind die kleinen, cleveren Mobiltelefone so weit, dass man mit ihnen unser Zuhause mittels „Smarthome“ steuern kann. Selbst vor zehn Jahren war es Utopie.

Man sollte also die Blockchain nicht an den Rand drängen und als Alltagsfliege sehen, die so schnell verschwinden wird, wie sie gekommen ist. Wie jede „neue“ Erfindung benötigt es aber Zeit und technischen Fortschritt, um sich entfalten und entwickeln zu können. Dies ist bei der Blockchain nicht anders. Gestern war sie noch Science-Fiction, heute ist sie eines der sichersten Systeme, die wir derzeit kennen.

Auch wenn die Blockchain unsere Zukunft sein wird, so wird es immer Befürworter geben, aber auch Menschen, die dieses System ablehnen. Wer nun Recht und wer Unrecht hat? Nun, beide! Sicherlich ist die Blockchain alleine schon für Smart Contracts mehr als nur geeignet. Doch ist nicht alles Gold, was glänzt. Dieses dezentralisierte und somit auch anonyme System ist Fluch und Segen gleichermaßen. Dies führt uns nämlich zu einem nächsten Punkt, der nicht weg geschwiegen werden sollte, da er eine der Schattenseiten der Blockchain genauer beleuchtet. Hierbei geht es explizit um die Nachteile der Anonymität innerhalb einer Blockchain.

Kapitel 8: Die dunkle Seite der Blockchain

Die Blockchain ist gewollt anonym. Das bringt das System mit sich. Natürlich muss man sich als Teilnehmer anmelden. Natürlich muss man Anmeldedaten hinterlegen. Bei Bitcoin ist es aber beispielsweise so, dass eine E-Mail-Adresse reicht. Man kann sich also einfach eine E-Mail-Adresse erstellen und in das Bitcoin-Blockchain-Universum eintauchen. Und das ganz ohne Überprüfung der Identität. Das hat Vorteile. Ist man vermögend und handelt mit Bitcoins, so bleibt man anonym. Doch bietet das nicht nur eine Oberfläche für Menschen ohne bösen Hintergedanken.

Immer wieder kam der Verdacht auf, dass über die Blockchain illegale Machenschaften abgewickelt wurden. Ein sehr brisanter Vorwurf. Denn so etwas kann, bei falschem Verdacht, Konsequenzen mit sich bringen.

Beruft man sich auf den Tagesspiegel (www.tagesspiegel.de vom 10.09.2018, Platzt bald die Bitcoin-Blase), so liest man nicht nur von Gutmenschen, die die Blockchain beziehungsweise den Bitcoin für sich entdeckt haben. Der Schwarzmarkt explodiert förmlich und der Blockchain-Anonymität sei Dank. So boomt der Waffenhandel dort regelrecht. Auch der Drogenhandel wird gern über die Blockchain abgewickelt. Und das ergibt sogar einen Sinn. Dank der Anonymität und der, nennen wir es mal, Narrenfreiheit, die damit verbunden ist, können sich Kriminelle dort richtig austoben. Sie können nicht zurückverfolgt werden. Das führt zu einer großen Sicherheitsfrage, die man sich stellen muss! So haben Cyberkriminelle beispielsweise den US Sender HBO gehackt und dabei ein bisher unveröffentlichtes Skript von ‚Games of Thrones', einer der Erfolgsserien schlechthin, in die Finger bekommen. Nun haben sie den Sender erpresst und verlangten mehrere Millionen Dollar als Lösegeld. Jedoch wollten die Diebe dieses Geld nicht als Dollar, sondern in Bitcoins. Du merkst schon, dem muss ein Riegel vorgeschoben werden. Denn wenn das Vertrauen in die digitale Währung, und somit auch in die Blockchain, verloren geht, so steht sie bei allen positiven Eigenschaften ziemlich schnell vor dem Aus. Nun kann man so argumentieren, dass kriminelle Machenschaften heutzutage vor nichts mehr Halt machen. Doch ist das ziemlich einfach ausgedrückt.

Nehmen wir dazu ein Beispiel: Würdest du dein Geld bei einer Bank anlegen, bei der du weißt, dass sie damit den Drogenhandel finanziert? Wohl eher nicht. Auch wenn dies ein recht einfaches Beispiel ist, so kannst du es aber auf die Bitcoin-Blockchain übertragen.

Aber wollen wir es nicht in allem schlechtreden. Denn tatsächlich gibt es kriminelle Energien überall. Demnach dürfte man kein Schiff mehr fahren, da die Mafia mit manch einem Schiff Drogen schmuggelt. Doch ganz außer Acht lassen darf man es auch nicht. Besonders Sicherheitsfirmen sind nun gefragt, einen gezielten Schutz dort einzubringen, aber trotzdem die Interessen der ehrlichen Teilnehmer zu schützen. Kein leichtes Unterfangen, aber, dem technischen Fortschritt sei Dank, wird sich dafür sicherlich auch eine Lösung finden, die die Sicherheit verbessert.

Himmel oder Hölle der Blockchain?

Waffenhandel, Drogen, Erpressung – das Repertoire kann endlos fortgesetzt werden. Doch was ist die Blockchain nun? Fluch oder Segen? Gut oder böse?
Grundsätzlich sollte man sich darauf berufen, dass die Blockchain und die damit verbundene Kryptowährung Bitcoin, aber auch XRP, Ethereum und all die anderen digitalen Währungen, weder die eine noch die andere Eigenschaft für sich beanspruchen. Und damit möchte ich dir aufzeigen, was das zu bedeuten hat. Es ist und bleibt eine digitale Währung in einer anonymisierten, aber gleichzeitig auch sehr datensicheren Blockchain. Weder die Währung noch die Blockchain ist böse noch ist sie gut. Sie ist eben nur eine Währung. Böse und gut ... das können wir Menschen sein. Böse und gut ... das ist das, was wir Menschen daraus machen. Nicht mehr und nicht weniger. Kryptowährung und Blockchain, das ist – sofern man es so nennen will – nur das Werkzeug, das einem an die Hand gegeben wird. Was wir Menschen daraus machen, das ist eine ganz andere Frage und steht auf einem ganz anderen Blatt Papier, oder um es mit einem Augenzwinkern zu sagen: auf einem ganz anderen Block.
Doch warum stürzen sich alle wie die Geier auf die dunkle Seite der Blockchain? Wahrscheinlich, weil sie spektakulärer erscheint. Doch sind die positiven Seiten nicht weniger spektakulär! Ganz im Gegenteil. Das Folgende hat Potenzial! Und zwar geht es um das Land Venezuela. Denkt man an Venezuela, so denkt man an Armut, Ausnutzung und natürlich in dem Zusammenhang an eine Inflation des venezolanischen Bolivar (die Währung in Venezuela). Die Willkür der Behörden

tut ihr Übriges. Doch was soll daran positiv sein? Ganz einfach: Die Bevölkerung Venezuelas hat sich mithilfe der Blockchain und Kryptowährung dieser entgegengestellt. Tatsächlich ist es so, dass der Bitcoin in Venezuela zu der inoffiziellen Währung geworden ist. Allein schon wegen der Tatsache, dass sich Kryptowährung der staatlichen Kontrolle entzieht, fasziniert diese Währung die Venezolaner. Somit steigt die Blockchain mit dem Bitcoin in krisengeplagten Staaten, eben wie Venezuela, zu einer Notwehrmaßnahme der Bürger gegenüber der willkürlichen Inflation der landeseigenen Währung auf. Kein Wunder also, dass sie der rettende Anker manch eines Landes ist und mit Kusshand angenommen wird! Doch steckt alles noch in den Kinderschuhen. Wenngleich es auch schon sehr ausgereifte Kinderschuhe sind. Eines darf man dabei nämlich nicht vergessen: Das Prinzip der Blockchain und der Bitcoins begann erst 2008! Nun mag der ein oder andere denken, dass mittlerweile zehn Jahre dazwischenliegen. Doch muss man sich vor Augen führen, seit wann die Blockchain erst allgemeines Interesse erweckt hat. Und ab dem Zeitpunkt beginnt die Rechnung. Da wir uns die Geschichte der Blockchain bisher noch gar nicht angesehen haben, sie aber in jedem Fall zu einer grundlegenden Einführung in die Welt der verketteten Blöcke gehört, wollen wir sie uns als nächstes angucken. Oder weißt du, wer die Blockchain alltagstauglich gemacht hat?

Kapitel 9: Entstehung der Blockchain

Erkundigst du dich nach der Entstehungsgeschichte der Blockchain, so werden dir gleich einige Namen in das Auge springen. Aber auch eine große Spannweite an Jahreszahlen begegnet einem. Doch wo beginnt die Blockchain nun?
Jede neue Erfindung fängt mit einer Idee an. Bei der Blockchain begann dies 1991. Die Grundidee, Blöcke zu verketten und kryptisch abzusichern, war geboren. Die Urväter, wenn man sie so nennen will, waren Stuart Haber und W. Scott Stornetta. Nun war allein aus der Idee heraus noch keine Blockchain entstanden. In jedem Fall nicht so, wie wir sie heute kennen. Doch 1991 war allein dieser Gedanke schon unfassbar revolutionär. Noch weit weg von der Einsatzbereitschaft für die breite Masse forschten, bastelten und tüftelten die beiden Erschaffer der Blockchain-Grundidee weiter an ihrem Vorhaben. Von einem dezentralen System war noch nicht einmal im Ansatz etwas zu erkennen. Bei der Ur-Blockchain ging es tatsächlich einfach nur um die verschlüsselte Speicherung von Daten. Nicht mehr und nicht weniger. Selbst die Kryptowährung, die heute in aller Munde ist, war noch völlig unbekannt.
1996 wurde die Idee von Ross J. Anderson aufgenommen und mit Bruce Schneier und John Kelsey weiterverfolgt und ausgebaut. Erst 1998, sieben Jahre später, arbeitete ein Mann namens Nick Szabo an einem nicht nur verschlüsselten, sondern auch dezentralen System, welches die erste digitale Kryptowährung „Bit Gold" salonfähig machte. Doch noch war man längst nicht am Ziel der Reise angekommen. Zwar nahm

das System immer mehr Formen an und wurde der heute bekannten Blockchain immer ähnlicher, doch brauchte es weitere zwei Jahre Entwicklung. Im Jahr 2000 wurde die dazugehörige Theorie zu der Ur-Blockchain geliefert: das System der kryptographisch abgesicherten Verkettung. Stefan Konst, der Entwickler, formulierte nicht nur die Verkettung, sondern erklärte Lösungsansätze zur Umsetzung.

Doch auch jetzt war es nur ein Zwischending zwischen der ursprünglichen „Blockchain" und der Blockchain, die wir heute kennen und benutzen und um die es auch in diesem Buch hier geht.

Es brauchte weitere acht Jahre und den klugen Kopf Satoshi Nakamotos, um die Blockchain so zu prägen, wie sie heute ist. Satoshi Nakamoto ist der Vater aller heute bekannten Kryptowährungen. Doch Halt, wir gehen jetzt von einer Person aus! Tatsächlich ist es so, dass die hinter dem Pseudonym stehenden Personen bis heute nicht bekannt sind. Demnach kann man also sagen, dass der Erfinder des heute so populären Bitcoins ein Unbekannter ist. Zwar versuchen immer wieder einzelne Personen den Ruhm für sich einzufahren, doch bei Versuchen bleibt es dann auch.

Im Frühjahr 2014 wollte ein US Nachrichtenmagazin den angeblichen Erfinder des Bitcoins ausfindig gemacht haben. Doch wehrte sich der Herr mit dem Namen Darian Nakamoto. Der 65-jährige Mann ging sogar rechtlich gegen diese Falschmeldung des Nachrichtenmagazins vor.

Da sieht man einmal, wie es laufen kann. Die Motive, weshalb sich der Erfinder nicht zu erkennen gibt, weiß bis heute niemand. Es dürfte demnach also spannend bleiben!

Dir ist es sicherlich aufgefallen, auch wenn die Blockchain variabel eingesetzt werden kann, so dreht sich ziemlich viel um die Kryptowährung in diesem Zusammenhang. Das liegt aber einfach daran, dass sie die Basis ist. Damit ist das noch junge System Blockchain groß geworden. So groß, dass es heute ein lukrativer Zweig geworden ist.
Wir haben nun herausgefunden, dass die Blockchain in dem ursprünglichen Gedanken aus den Anfängen der 90er Jahre kommt. Erst knapp 17 Jahre später wurde sie zu dem, wie wir sie heute kennen. Einige kluge Köpfe haben zwischendurch an der Entwicklung mitgeholfen. Es ist ebenso spannend, wohin dieser Weg noch führen mag. Doch auch hier zeichnet sich klar der Trend ab, dass die Blockchain die Technologie der Zukunft sein wird und immer mehr Raum einnehmen wird.
Sieht man sich die Intention, die hinter diesem System steckt, einmal genauer an, so ist es besonders in der heutigen Zeit nicht verwunderlich, dass immer mehr Stimmen laut werden, die die Blockchain befürworten. Im nächsten Abschnitt schauen wir uns an, welche Kernaspekte die Blockchain bereithält und welchen Einfluss diese auf unser Leben haben.

Kapitel 10: Intention

Die Blockchain ist, wie du bereits bemerkt hast, nicht nur eine Zusammenkettung von Datenblöcken. Sie ist die Basis für jeden Handel mit Kryptowährung, sie ist Mutter vieler positiver Ideen, aber auch eine Plattform für einen florierenden Schwarzmarkt.

Doch all diese Aspekte haben sich aus einer Intention heraus ergeben. So sollte die Blockchain unser Leben einfacher und bequemer machen. Nun fragst du dich sicherlich, wie weitreichend diese Absicht ist. Doch viele Ansätze haben wir bereits beschrieben.

Es sind die Vorteile, die hier ganz klar überwiegen. Der Gedanke hinter der Blockchain, eine Unabhängigkeit zu erlangen, ist in vielerlei Hinsicht in Erfüllung gegangen. So werden zentrale Monopole komplett ausgehebelt. Bleiben wir dabei ruhig im Finanzsektor. Banken, in denen alles zentral, eben über diese eine Bank, abgewickelt wird, sind nicht nur für Hacker angreifbar. Sie sind für uns als ganz normaler Mensch einfach auch nicht nachvollziehbar. Oder könntest du mir zu hundert Prozent sagen, was mit deinem Geld im Detail passiert, wer damit umgeht und warum? Sicherlich nicht. Du vertraust den Banken, aber ohne jegliche Kontrolle über deine Anlagen dort.

Jetzt gehen wir weiter. Eine Bank mit einer „zentralen Verwaltungsstelle" möchte in deinem Auftrag Geld nach Kanada schicken. Nun weißt du sicherlich aus Erfahrung, zumindest aber von anderen Berichten Betroffener, dass dieses Unterfangen nicht nur sehr viel Zeit in Anspruch nimmt,

sondern auch noch teuer oben drauf ist. Wie kommt so etwas zustande? Nun, deine Bank steht nicht direkt mit der Bank in Kanada in Kontakt, sondern es läuft, einfach gesagt, über weitere Banken, wobei dein Geld von deiner Bank an eine Bank weitergegeben wird, die gibt dein Geld ebenfalls weiter und diese Bank gibt es dann beim Empfänger in Kanada ab. Jede Zwischenbuchung kostet nicht nur Zeit, sondern die Banken wollen auch alle was von dem Kuchen abhaben. Ist ja logisch. Für lau gehst du ja auch nicht arbeiten. Also kommen oben Gebühren drauf, die uns als Kunde teilweise die Ohren schlackern lassen. Und genau hier setzt die erste Intention der Blockchain an und umgeht durch ihr System diesen Vorgang. Würdest du dein Geld nun direkt der Blockchain der Bank in Kanada zukommen lassen, wäre es im optimalen Fall binnen dem Bruchteil von Sekunden beim Empfänger. Ich sage bewusst im optimalen Fall, da du ja noch im Hinterkopf die Geschichte mit den Minern und den Transaktionen hast! Wenn nicht, dann lese es dir gleich noch einmal durch.
Das heißt also, eine Blockchain erspart uns nicht nur Zeit, sondern auch Geld und Nerven. Sie ist zuverlässig und eben unabhängig!
Doch bietet eine Blockchain uns Kontrolle über die Vorgehensweisen, die mit unseren Sachen passieren. So wird das Konzept des Misstrauens ruckzuck in das Konzept der Kontrolle und somit des Vertrauens umgewandelt. Durch eben die Angst, dass du nicht weißt, was mit deinem Geld geschieht, ist die Blockchain wie gemacht für dich. Dort steht alles unabänderbar in den Blöcken gespeichert. Du kannst sämtliche Vorgänge nachprüfen und weißt ganz genau: Auf

diese Fakten kannst du dich verlassen und wenn es das Letzte ist, was du tust. Auf einer gewissen Art und Weise setzt dieses System, beziehungsweise diese Intention, aber auch sehr auf Unterstellung. Grundsätzlich würde die Sicherheit der Blockchain bedeuten, dass grundsätzlich jeder Banker kriminelle und veruntreuende Energien besitzt. Ob man das so hinnehmen kann und sollte, lasse ich an dieser Stelle einfach einmal offen, zumal das auch nicht Thema dieses Buches ist. Fakt ist aber: Aufgrund dieses misstrauischen Systems der vollen Kontrolle kann man sich durchaus sicher fühlen. Wahrscheinlich mehr als in der realen Welt, wobei das jeder für sich entscheiden muss.

Die Kernaussage, bezogen auf die Intention, ist also einfach: die Welt nicht nur besser, sondern auch einfacher zu machen.

Die Blockchain unterliegt aber hauptsächlich auch den ökonomischen Interessen. Das hast du sicherlich bisher schon mitbekommen. Und das ist ein Punkt, der ebenfalls genauer beleuchtet werden will. Denn allein das Wissen über die Funktionsweise der Blockchain macht dich noch nicht zu einem Fachmann auf dem Gebiet.

Kapitel 11: Blockchain und Ökonomie

Die Blockchain unterliegt grundsätzlich den ökonomischen Interessen diverser Wirtschaftsgiganten und Wirtschaftszwerge. Nun kannst du dich in jedem Fall fragen, was ein auf Informatik basierendes System mit der Wirtschaft zu tun hat. Doch lässt sich diese Frage ganz einfach beantworten: Wir sind von Wirtschaft umgeben. Ob man das nun gut findet oder nicht, aber tatsächlich ist dem einfach so. Alles was du gerade um dich herum siehst, ist ein wirtschaftliches Produkt: die Tastatur, das Sofa, das Fernsehen. Diese Liste können wir bis zum Sankt Nimmerleinstag weiterführen und wären noch nicht fertig.
Doch ist Ökonomie nicht gleich Ökonomie und der Einsatz der Blockchain ist so vielseitig, wie die Wirtschaft es auch ist. Wir wollen hier mal eine These aufstellen, die wir uns im folgenden Verlauf noch genauer anschauen wollen und aus wirklich vielen Perspektiven beleuchten werden:

„Ohne Wirtschaft keine Blockchain!?"

Fangen wir an, diese Aussage zu zerteilen. Die Wirtschaft ist die treibende Kraft, die uns am Leben erhält und uns unseren Standard sichert. Die Wirtschaft beinhaltet nicht nur Arbeitnehmer und Arbeitgeber. Es ist eine komplexe Vernetzung ganz vieler voneinander abhängiger Produktionsschritte, die eine sichere Geldeinnahme gewährleisten. Läuft ein Rad am Wagen nicht ganz rund, so

kann dadurch vieles zum Erliegen kommen. Wie passt die Blockchain nun darein?
Die Blockchain ist ein weiteres Werkzeug, welches den Betrieben, Firmen, der Industrie, dem Handwerk, einfach allen, eine Plattform bietet, effizienter und schneller zu sein.
Das muss sich nicht nur auf Finanzen beziehen, doch ist das häufig der Fall. Als Gegengewicht zu den Finanzen möchte ich hier noch einmal an die Smart Contracts erinnern, welche ebenfalls für die Wirtschaft von großem Interesse sind. Doch kommen wir auf die Wirtschaftlichkeit der Smart Contracts innerhalb einer Blockchain später noch einmal zu sprechen.
Was man heute immer mal wieder aus der Wirtschaft hört, ist: Person X hat Summe Y veruntreut oder der Konzern ist pleite. Es hat viel mit Schuldzuweisungen zu tun und ein paar große Fische lassen sich nicht in Karten gucken, spielen aber mit uns allen: mit unserem Arbeitsplatz, einfach auch damit, dass wir solvent bleiben. Jetzt hilft es dem Arbeiter auch nicht weiter, wenn die Firma kein Geld mehr hat und er den Arbeitsplatz verliert. Und genau da setzt die Blockchain an. Würden diese großen Fische nun alles über die Technologie der Blockchain abwickeln, so würden ihnen mehr und mehr die Hände gebunden sein, explizit auf Veruntreuung oder aber noch allgemeiner: die Finanzen. Denn wir haben ja bereits gelernt, dass die Blockchain niemals vergisst und alles offen, aber auch für jedermann nachvollziehbar darlegt. Transparenz ist also das Stichwort. Sie liegt somit im Interesse der Wirtschaft. So baut die Blockchain eben viel, teilweise auch unüberwindbare Hürden ein, die die Wirtschaft stabilisieren können. Es gibt Sicherheiten in Bezug auf Gelder. Niemand hat plötzlich

mehrere Millionen Guthaben mehr oder weniger. Zumindest geschieht das nicht mehr unter der Hand im Verborgenen. Jeder würde es mitbekommen.
Da das System der Blockchain die Wirtschaft sicherer machen kann, besteht eine Abhängigkeit zwischen der Wirtschaft und der Blockchain. Um die ursprüngliche Frage wieder aufzugreifen „ohne Wirtschaft keine Blockchain“, so muss man nur zurück zum Beginn und der Intention der Blockchain gucken. Denn es gab ja Fakten, an denen sich Menschen im jetzigen System gestört gefühlt haben. So ist es nicht verwunderlich, dass die Blockchain wirtschaftliche Interessen aufnimmt und aus diesen heraus geboren wurde.
Selbst die Kryptowährung ist ein Zweig der Wirtschaft, wenngleich es auch ein spekulativer Bereich ist, der nicht zwangsläufig eine stabile Sicherheit garantiert. Doch soll das nicht das Thema hier sein.
Doch fällt noch ein wesentlicher Punkt auf: Die Blockchain unterliegt den wirtschaftlichen Gesetzen.
Ja, du hast richtig gelesen. Jetzt wirst du dich sicher fragen, wie dieser Zusammenhang zustande kommt. Ich will es dir erklären. Eine Blockchain hat nur so lange Bestand, wie sie von Teilnehmern weiterhin mit Daten gefüttert wird. Sobald das Vertrauen, oder aber die Lukrativität, oder was auch immer, verloren geht, wird die Blockchain in diesem Bereich sterben. Wenngleich das sehr drastisch ausgedrückt ist, so entspricht es aber der Wahrheit. Es ist prinzipiell nichts anderes, wie du es in der Wirtschaft auch tagtäglich siehst: Haben Käufer kein Interesse mehr an einem Produkt, so geht die „Firma“ dahinter früher oder später pleite.

Gucken wir aber noch einmal ein Stückchen weiter. Gehen wir noch einmal etwas in die Kryptowährung und schauen uns am Beispiel Bitcoin die Wirtschaftlichkeit an. Dort ist es noch deutlicher: Angebot und Nachfrage. Das Prinzip, welches es seit Menschheitsbeginn gibt. Ist die Nachfrage groß, so steigt der Wert des Bitcoins und somit die Rolle der Blockchain. Sinkt die Nachfrage, so wird der Preis sinken. Zwar hat die Blockchain noch Bestand, doch wenn du dich an das erinnerst, was du kurz vorher hier gelesen hast, so ist es nur noch eine Frage der Zeit, bis hier die Kryptowährung alle vier von sich streckt und „pleitegeht". Natürlich will ich mit dem Beispiel nicht sagen, dass der Bitcoin jetzt kurz vor dem Aus steht. Um Himmels willen. Das wird wahrscheinlich nicht passieren. Doch bin ich dies bezogen auch nicht der richtige Ansprechpartner, zumal es auch nicht um eine spekulierende Zukunft des Bitcoins geht. Falls es dir sauer aufstößt, so kannst du den Bitcoin in diesem Beispiel durch jede andere Kryptowährung ersetzen. Mir ging es gerade einfach nur um das Beispiel an sich. Vielmehr noch um die Wirtschaftlichkeit, der die Blockchain allein durch ihr Einsatzgebiet unterliegt.
Um den Faden wieder aufzunehmen: Wir könnten noch sämtliche wirtschaftliche Prinzipien und Regeln auf verschiedenste Bereiche in Bezug auf die Blockchain aufzählen. Doch würden wir immer wieder zum selben Schluss gelangen: Ja, Blockchain und Wirtschaft hängen zusammen!

Auch die Wirtschaft entdeckt die noch sehr junge Technologie der Blockchain immer mehr für sich und die Ersten beginnen bereits, sich mit dem System auseinanderzusetzen, teilweise sogar schon umzusatteln, wenn auch noch nicht vollständig. Es bleibt also auch hier spannend!

Wirtschaft, Smart Contracts und Blockchain

Doch wollen wir uns einmal einen Schritt vom Finanzsystem entfernen. Wir wissen ja alle: Verträge regeln die Freundschaft. Nun kann man natürlich anzweifeln, dass alle in der Wirtschaft Freunde sind, doch geht es um den Kern der Aussage. Ändern wir diese ab in: Verträge regeln das Zusammenleben. Das ist vielleicht besser. Und auch hier ist die Blockchain mit ihrem unschlagbaren System wie gemacht für die Manifestation der wirtschaftlichen Interessen. Die Smart Contracts bekommen hier einen großen Zuspruch und es sind einige, die sich bereits für diese Art des Vertragsabschlusses entschieden haben. Auch hier liegen die Vorteile der Blockchain wieder auf der Hand. Im Nachhinein kann niemand ankommen und sagen: „Aber hier, das stimmt alles so nicht!" Jeder kann zu jeder Zeit nachprüfen, dass dieser Vertrag so abgeschlossen wurde und in allseitigem Einverständnis seine Gültigkeit zugesprochen bekommen hat.

Nun ist es ja mittlerweile kein Geheimnis mehr, dass diese Technologie immer weiter in den Vordergrund rücken wird. Sie wird immer präsenter sein und besonders aber die Smart Contracts sind schon heute ein ganz wesentliches Standbein, um sich abzusichern und das nicht nur aus wirtschaftlicher Sicht. Wenn man sich mal so überlegt, dass Hochzeiten heute über diese Technologie möglich sind, aber auch Staaten untereinander damit ihr Bündnis verewigen, so wundert man

sich tatsächlich mehr darüber, wieso noch nicht mehr Smart Contracts zu finden sind.
Smart Contracts sind also auch aus der Wirtschaft nicht mehr wegzudenken. Sie gehören dazu und werden im Laufe der Zeit einen immer höheren Stellenwert zugeteilt bekommen!
Somit können wir also auch unser Häkchen drunter setzen und bestätigen, dass Smart Contracts in der Wirtschaft (nicht nur, aber auch) mit dem System Blockchain florieren.

Kapitel 12: Technologie

Die Technologie ist es, die die Blockchain überhaupt erst möglich gemacht hat. Doch ist sie es auch, die ihren Bestand in der Zukunft sichert. Wenn du dich zurückerinnerst, so weißt du noch, dass der technische Aspekt noch nicht ganz ausgereift ist. Damit ist nicht das System der Blockchain gemeint, sondern die Bedingungen und Anforderungen, die eine Blockchain an uns aus technologischer Perspektive stellt. Soll die Blockchain wachsen, so brauchen wir nicht nur mehr Energie, sondern auch mehr Speicherkapazitäten, sonst wird es irgendwann eng werden.

Dieser wesentliche Punkt ist wirklich nicht zu missachten. Denn wo kein Speicherplatz mehr ist, kann auch nichts mehr abgespeichert werden. Das ist mehr als nur logisch. Dieses Worst-Case-Szenario gab es zwar noch nicht, doch guckt man sich die Auslastungen an, so wundert es nicht, dass es für Otto Normalverbraucher immer schwieriger wird, dem Wandel der Blockchain, vielmehr dem Wachstum der Blockchain, standzuhalten und mitgehen zu können. Es erfordert immer größere Rechenleistungen. Besonders in Bezug auf die Kryptowährung zeichnet sich der Trend schon klar ab: Ganz normale Personen haben es schon enorm schwer. Nicht umsonst sitzen hinter Miningfarmen Konzerne, die die finanziellen Mittel eben für Rechenleistung und Energie haben. Für uns „Normalsterbliche" ist das ein Unterfangen, welches den Rahmen sprengt. Ich zumindest kann nicht tausende von Euro für Strom ausgeben, du etwa?

Aber ist das Schicksal jetzt nicht so dunkel, wie es im ersten Moment erscheinen mag. Denn der technische Fortschritt bezieht sich ja nun nicht nur auf die Wirtschaft.
Erinnerst du dich noch an die Zeit, als die ersten Handys auf dem Markt waren? Für einen ganz normalen Bürger waren die klobigen Dinger einfach nicht finanzierbar. Weder in der Anschaffung noch in der Unterhaltung. Wobei die Unterhaltung damals echt mit horrenden Kosten verbunden war. Nun, heute hat jeder ein Smartphone. Jeder hat einen Vertrag und kann sich selbst bei einem kleinen Portemonnaie diese Technik leisten.

Ein weiteres Beispiel: Erinnerst du dich noch an das Telefonieren mit dem Festnetz? Was war es in den 90er Jahren Kult, immer eine Vorwahl zu wählen, mit der man dann günstiger telefonieren konnte. Als dann das erste Mal das Gratistelefonieren am Wochenende auf den Markt kam, da stand die Welt auf dem Kopf. So eine revolutionäre Idee! Dann kam es irgendwann dazu, dass es auch in der Woche ab 20 Uhr kostenlos war, jemanden anzurufen. Heute aber lacht man darüber! Unsere Kinder kennen diese Vorwahlaktionen nicht einmal mehr.

Merkst du, worauf ich hinauswill? Der technische Fortschritt mag vielleicht jetzt für einige noch nicht erschwinglich sein, doch im Laufe der Zeit und mit dem Bestand der Blockchain wird die Technik nicht nur vorantreiben, sondern sie auch erschwinglich machen.

Mehr Speicherkapazität, geringerer Energieverbrauch und das Ganze für uns alle erschwinglich.
Du lachst. Doch es ist wirklich nicht unrealistisch. Auch zu dem Thema Speicher kann ich dir noch ein sehr gutes Beispiel geben:

Weißt du noch, als die mobilen Speichergeräte rauskamen? Ich denke da an den USB-Stick. Den musste man sich damals noch für teures Geld mit minimalem Speicherplatz kaufen. Und meine Güte, war man damals selig, wenn man einen ergattert hat. Heute wiederum gibt es dieselben USB-Sticks, für die man damals 20 Euro und mehr bezahlt hatte, als Werbegeschenk.
Wenn man sich also die Entwicklung, aber auch die dazugehörige Preisentwicklung ansieht, so kann man sich sicher sein, dass auch die Blockchain für uns früher oder später erschwinglich wird. Selbst für den kleinen Geldbeutel.
Natürlich geht es bei der Technik nicht einzig und allein um die preisliche Gestaltung, Erschwinglichkeit und auch Speicherkapazität. Der Fortschritt der Technik wird sich aller Wahrscheinlichkeit nach auch in der Blockchain niederschlagen. Grundsätzlich, so sicher wie die Blockchain auch ist, hat auch dieses Stück Informatik seine Tücken. Doch der Mensch ist nach Perfektion aus und wird erst Ruhe geben, wenn auch die Blockchain sich seinen Bedürfnissen optimal anpasst. Das liegt in der Natur der Dinge.
Es bleibt also abzuwarten, welche technischen Errungenschaften der Menschheit das System der Blockchain noch verbessern werden.

Wenn du dich jetzt fragst, wie das aussehen könnte, dann ist das eine sehr gute Frage. Eine persönliche Meinung dazu kann als faktische Stellungnahme kaum gewertet werden. Dennoch sollte ein Augenmerk definitiv auf der Bekämpfung der Kriminalität liegen. Zumindest wäre dies ein Kritikpunkt, welchen die Blockchain einstecken müsste. Doch um diese Frage intensiv und vor allem aber fachlich korrekt beantworten zu können, müssten da Informatiker herangezogen werden, die sich in der Materie sehr gut auskennen. Das Wissen, welches hinter einer Blockchain steckt, ist unglaublich komplex und lässt sich in dem Zusammenhang mit den Wünschen der Weiterentwicklung in Bezug auf die Grundlagen nicht beantworten. Es würde schlichtweg den Rahmen sprengen.

Zusammenfassend lässt sich es aber so sagen: Wo die Technik Einzug erhält, ist auch der Fortschritt nicht weit. Auch die Blockchain wird sehr wahrscheinlich immer weiter ausgebaut werden können. Sei es im Bereich der Erschwinglichkeit für den ganz normalen Bürger oder die Weiterentwicklung der Hardware.

Kapitel 13: Berufliche Zukunft der Blockchain

Dass die Blockchain eine Zukunft hat, die rosig aussieht, darüber braucht man nicht mehr debattieren. Zu viele Vorteile bietet sie den Konsumenten. Doch wie sieht es in der Entwicklung aus? Derzeit gibt es nur eine Handvoll Menschen, die sich mit der Programmierung einer Blockchain auskennen. Diese Tatsache allein zeigt schon, wie komplex die Materie ist, in der wir uns gerade bewegen. Vergleicht man die Technologie mit Java, dort gibt es nämlich knapp zehn Millionen Entwickler, so muss man die Gruppe der Blockchainer mit der Lupe suchen. Da sind nämlich nur 30.000 Programmierer weltweit vertreten. Doch immer mehr Fachkreise fordern, dass die Zahl der Blockchainer gefördert werden soll. Eindeutig zeigt dies deutlich, dass die Blockchain noch ein ganz junges System ist, wenngleich es auch ein enormes Potenzial hat.

Die technische Revolution, zu der auch die Blockchain gehört, ist dabei zu explodieren. Die Blockchain wird eines Tages so normal sein wie der Gang ins Rathaus, allerdings mit dem Unterschied, dass die Büros im Rathaus beinahe überflüssig werden. Und der Blockchain sei Dank.

Des einen Leid ist des anderen Freud. Wir reden hier allerdings von einer Zukunft, die weder heute noch morgen sofort greift. Manch eine Stimme wird nun laut ertönen, es sei Arbeitsplatzmord. Kommt dir das bekannt vor? Noch vor nicht allzu langer Zeit gab es diesen Aufschrei schon mehrere Male, als die Roboter in die Firmen Einzug erhielten. Man

befürchtete einen neuen Rekord auf dem Markt der Arbeitsuchenden. Und natürlich gab es „Verlierer". Nicht jeder konnte seinen Arbeitsplatz behalten und so manch einer wurde eben wegen eines Roboters vor die Tür gesetzt. Es wäre auch menschlich verwerflich jetzt zu behaupten, die Menschen würden schon etwas anderes finden. Doch tatsächlich taten die meisten genau das: einen neuen Job finden. Manch einer von ihnen auch in der Branche, weswegen er seinen Job verloren hatte.
Auch die Blockchain wird da keine Ausnahme bilden. Wenn sie ausgereift genug ist, um wirklich alltagstauglich zu sein und ihren konstanten Einsatz dort zu etablieren, so werden auch wieder Jobs an den Nagel gehängt werden müssen. Doch braucht man als Bürokraft im Rathaus nun zum einen noch keine Angst haben und zum anderen werden solche Jobs nicht einfach aussterben. Man darf die Flexibilität nicht vergessen. Immerhin gibt es Menschen, die den persönlichen Kontakt zu einem Menschen dem Weg der Technik vorziehen.
Aber sollte man die Technik und somit auch die Blockchain nicht verteufeln. Denn sie wird nicht nur die Technologie der Zukunft, sie wird auch neue Arbeitsplätze mit sich bringen. Und das nicht nur in der Programmierung der Blockchain. Das ganze Drumherum wird sich verändern. Es werden Experten auf dem Gebiet bezüglich des Umgangs mit der Blockchain gebraucht. Eben Menschen, die andere an die Hand nehmen und durch diesen Dschungel an Informationen durchleiten. Es werden Spezialisten für die Beratung in der Kryptowährung vonnöten sein. Denn sind wir mal ehrlich zu einander: Bei über

4500 Kryptowährungen, da muss man sich auch erst einmal einen Überblick verschaffen können.

Dann denke als nächstes an die ganze Technik, die benötigt wird, um die Blockchain effektiv zu gestalten. Die wächst auch nicht auf Bäumen.

Nun, du siehst, die Blockchain ist nicht nur eine wirtschaftliche und technische Neuheit mit enormem Potenzial, sie ist auch auf dem Arbeitsmarkt ein interessanter, neuer Faktor mit jeder Menge Möglichkeiten. Und diese Möglichkeiten warten einfach nur darauf abgeschöpft und genutzt zu werden.

Schlusswort

Jetzt haben wir uns sehr vieles angeguckt. Du hast dir nicht nur den Aufbau einer Blockchain angesehen, sondern auch die Funktionsweise. Die grundlegenden Aspekte haben wir uns ebenfalls angeguckt. Es gab viel Neues zu lernen. Der Informationsfluss war gigantisch und wenn du dir überlegst, dass du die Blockchain am Anfang noch für eine neue Art von Blockschokolade gehalten hast, guck dir an, welch ein Wissen du jetzt dazubekommen hast.
Hier an der Stelle noch einmal alles zu wiederholen, das wäre sicherlich nicht der richtige Weg, um uns zu verabschieden. Immerhin könntest du auch einfach noch einmal die ersten Seiten lesen.
Doch so ganz ohne Abschiedsgruß möchte ich dich auch nicht entlassen. Dazu haben wir bis zu dieser Zeile zu viel Zeit gemeinsam verbracht.

Das Thema Blockchain. Ein sehr komplexes Thema, aber auch sehr vielschichtig. Wir sind in Bereiche abgetaucht, die du dir sicher vorher so nie vorgestellt hättest. Und trotzdem will ich dir sagen, dass die Blockchain noch lange nicht erschöpft ist, was den Informationsgehalt angeht. Den Ausflug, den wir beide gerade gemacht haben, das war nur die Spitze des Eisbergs. Allein daran sieht man schon, welche Dimensionen du damit ausfüllen kannst. Vielmehr sieht man das nicht. Immerhin liegt der größte Teil eines Eisbergs vor unseren Blicken geschützt unterhalb der Wasseroberfläche.

Doch wo fängt man an, wo hört man auf? Eine Frage, mit der ich mich sehr lange und sehr intensiv beschäftigt hatte. Ich bin weder ein studierter Informatiker noch bin ich ein Wirtschaftsexperte. Die Details, die die Blockchain beinhaltet, die sprengen den erfassbaren Rahmen so manch eines Fachmannes. Es ist geballtes Wissen notwendig, um sich in dieser neuen Technik zu orientieren. Noch viel mehr Wissen ist nötig, um diese zu begreifen und umzusetzen. Doch war es auch nie meine Absicht, aus dir mit diesem Buch einen Programmierer einer Blockchain zu machen.

Darum besinnen wir uns auf das, worum es die ganze Zeit geht: die Blockchain für Anfänger. Denn irgendwo muss man ja schließlich anfangen.

Die Schwierigkeit, nicht in eine ausufernde Science-Fiction abzurutschen, beruht einfach auf der Tatsache, dass sie noch so jung ist. Zehn Jahre ist eine lange Zeit, trotzdem ist sie noch unglaublich jung. Wenn wir mal ehrlich zu einander sind: Selbst wenn die Blockchain schon zehn Jahre alt wird, so wurde sie erst vor einigen wenigen Jahren publik und „massentauglich“. Die Zukunft liegt in der Blockchain. Das steht nicht einmal im Ansatz zur Debatte. Doch wie die Zukunft spezifisch aussieht, das sind nur Vermutungen. Diese Vermutungen können sich entweder bewahrheiten oder eben auch nicht. Vielleicht wird die Blockchain auch in zwanzig oder dreißig Jahren von einem noch besseren System ersetzt. Wer vermag das schon zu sagen? Niemand!

Du merkst also schon, worauf ich hinauswill. Die Zukunft bleibt verborgen und gibt sich erst zu erkennen, wenn es so weit ist.

Trotzdem sollten wir dieses System im Auge behalten. Es hat so viel Potenzial und nicht umsonst ist es das sicherste System, welches wir derzeit kennen!

Dieses ganze Buch habe ich versucht so neutral und wertfrei, wie es nur eben möglich war, zu schreiben. Daher liegt mir sehr viel daran, dir abschließend noch meine Meinung zu der ganzen Thematik mitzuteilen.

Meine Meinung

Als ich begonnen hatte, mich mit der Blockchain auseinanderzusetzen, da hatte ich es beinahe postwendend aufgegeben. Ich habe mir Literatur zu diesem Thema bestellt, aber auch das Internet ausgiebig befragt. Und trotzdem war ich kein Stückchen schlauer daraus geworden. So komplex und schwierig und vor allem überdimensional erschien mir das Thema. Ja beinahe wie eine Lawine, die mich einfach so überrollt. Ob ich nun dort stehe oder nicht.

Nun, ich kenne einige Informatiker und schlau wie ein Fuchs dachte ich mir, ich bitte sie einfach, mir die Blockchain zu erklären. Einer fragte mich dann tatsächlich, wieso ich Blockschokolade erklärt bekommen möchte. Da dämmerte es mir allmählich, dass dies kein Alleingang werden wird. Die anfängerfreundlichen Bücher, die ich mir geholt hatte, haben mir etwa von der Wand bis zur Tapete geholfen. Ich habe nämlich nichts verstanden. Und trotzdem wollte ich es verstehen. Ich musste einfach wissen, worum es dabei geht!

Es gab wirklich Tage, an denen hätte ich die Klamotten am liebsten genommen und gegen die Wand geworfen. Besser noch: Ich hätte sie am liebsten verbrannt. Doch war es zu spät. So übereifrig, wie ich war, hatte ich mir schon meinen ersten Bitcoin zugelegt und das war kein finanzieller Witz! Davon hätte ich gut und gern mit meiner Familie einen schönen Urlaub in der Karibik machen können. Zum Glück weiß meine Frau bis heute noch nichts davon! Sonst wäre ich die längste Zeit verheiratet. Aber ich schweife ab.

Also ich stand dann da, mit einem teuren Bitcoin und keiner Ahnung, davon aber immerhin reichlich! Es half nichts! Ich versuchte mich da durchzubeißen und lernte mit der Zeit Menschen kennen, die sich mit der Materie sehr gut auskennen. Sie gaben mir immer wieder Starthilfe und ich konnte auf sicheren Gefilden in die Welt der Blockchain abtauchen. Ich verstand von Mal zu Mal mehr von den Fachwörtern und langsam begann ich die „Anfängerbücher" nicht mehr als Kriegserklärung an meinen Verstand anzusehen, sondern als Rätsel, welches von mir gelöst werden wollte. Ich übersetzte mühsam Bereich für Bereich und irgendwann war das Basiswissen so groß, dass sich die verborgenen Puzzleteile zu einem Sinn wie von allein zusammensetzten.

Da kam mir übrigens auch das erste Mal der Gedanke, ein wirkliches Anfängerbuch darüber zu schreiben. Nicht so ein Fachgesimpel, welches ich an die Hand bekam. Ich will meinen Autorenkollegen um Himmels willen nichts unterstellen, zumal ich auch nicht alle Anfängerbücher zu diesem Thema gelesen hatte. Doch die, die ich las, die haben mir den Rest gegeben. Ich hatte doch nur nach einem verständlichen Buch gesucht und nicht nach einer Doktorarbeit!

So weit, so gut. Jetzt wusste ich also, wie ich was mit dem Bitcoin anstellen konnte und dass das System dahinter als eines der sichersten der Welt gilt. Es ist ja nur logisch, dass, wenn man die Grundlagen versteht, man sich früher oder später auch an die „schwierigere“ Materie herantraut. So begann ich dann zu forschen über Vor- und Nachteile einer Blockchain. Spätestens beim Schwarzmarkt hatte ich nicht mehr das Gefühl, ich lese Fachartikel, sondern ich bin in einem üblen Science-Fiction-Krimi gelandet. Die Geschichte, die allerdings hinter der Macht der Blockchain in Venezuela steckte, fesselte mich. So viel Gutes und das von einem noch so jungen System! Es gibt den Menschen Hoffnung. Vor allem aber die Macht, sich gegen scheinbare Übermenschen zu stellen und diese im Zaum zu halten. Das sind die wahren Geschichten, die es in der heutigen Zeit braucht!
So viel nun zu der Entstehungsgeschichte dieses Buches. Ich hoffe an der Stelle, dass alles plausibel und nicht zu schwierig bei dir angekommen ist. Ebenfalls hoffe ich, dass du dich jetzt gewappnet für das Blockchain-Universum fühlst. Denn es ist gigantisch!
Aber noch immer fehlt meine Meinung zur Blockchain. Da muss ich mich allerdings vielen Aspekten, die ich neutral bereits aufgezählt hatte, anschließen. Die Blockchain ist nun einmal das sicherste System, was wir derzeit kennen. Gerade in der heutigen Zeit ist Sicherheit ein rares Gut! Sicherlich, sie steckt noch in den Babyschuhen und muss noch wachsen, aber gerade das finde ich so spannend. Wer kann schon behaupten, bei einer so revolutionären Idee von Anfang an dabei gewesen zu sein?

Für mich ist die Blockchain die Zukunft. Zumindest aus technischer Sicht und ich würde es sehr begrüßen, wenn immer mehr Banken auf dieses System umsteigen würden. Es würde für uns Normalsterbliche vieles erheblich vereinfachen. Aber natürlich ist nicht alles Gold, was glänzt. Das wissen wir alle und da will ich auch keine Ausnahme bilden. Wenngleich ich die Blockchain auf der einen Seite in den Himmel hebe, so sind mir die Schattenseiten wohl bekannt. Natürlich ist das System nicht angreifbar und kaum hackbar, wie man bei den Alternativen Daten abfangen kann, wenn man es denn dann darauf anlegt. Sicherlich ist es gut, dass die Verantwortung auf alle Beteiligten aufgeteilt wird. Doch darf man den Schwarzmarkt deshalb nicht gut reden. Denn das ist es nicht! Ganz im Gegenteil. Ich freue mich persönlich über die Anonymität, die mir die Blockchain bietet, doch ist es genau diese Anonymität, durch die andere Leid erfahren. Das darf man nicht vergessen! Aber, wie ich es auch schon beschrieben hatte, so ist die Blockchain weder gut noch böse. Sie ist, was sie ist: eben eine Blockchain. Was der Mensch damit macht, das hängt von jedem einzelnen ab. Trotzdem sollte man das nicht vergessen und das liegt mir sehr am Herzen.

Nichtsdestotrotz sehe ich die Zukunft in dieser Technologie. Ich denke, dass sie irgendwann einen Einzug erhält, wie heute die Smartphones zum Alltag gehören. Sie wird eines Tages einfach da sein und ihren Teil zu unserer Gesellschaft beitragen. Ob man das nun möchte oder nicht: Zum einen hat man keine Wahl und zum anderen muss man keine Angst vor dem Fortschritt haben. Selbst wenn dadurch einige Jobs in

Gefahr sind, so bietet die Blockchain wiederum neue Möglichkeiten und Perspektiven. Das kann eine Chance sein, für jeden von uns.
Die Bankkrise vor einigen Jahren hatte mir aber wieder einmal mehr gezeigt, dass mein Schicksal aus finanzieller Sicht nicht von ein paar wenigen Spekulanten abhängen soll! Dafür gehe ich nicht jeden Tag arbeiten, damit andere mit meinem Geld zocken können und alles verlieren!
Aber besonders in Bezug auf die Smart Contracts finde ich die Lösung der Blockchain als diejenige, welche einfach das Sahnehäubchen auf allem ist! Es ist so einfach, so sicher, dass es beinahe schon nicht mehr zu fassen ist. Zugegeben, ob ich meine Frau so noch einmal heiraten würde? Wohl nicht. Dafür bin ich zu traditionell eingestellt und würde dem Standesbeamten in jedem Fall den Vorzug gewähren. Doch ist das ja auch nur ein Beispiel dafür, wie es laufen könnte! Denn je weniger Parteien mitmischen, je weniger Unstimmigkeiten wird es geben und um so klarer wird das Resultat sein. Dabei ist es jetzt erst einmal egal, ob es mein Testament ist oder mein Handyvertrag. Es ist in jedem Fall so, wie ich es mir vorstelle, und nicht anders! Natürlich alles im rechtlichen Rahmen. Nicht, dass hier jetzt jemand noch denkt, ich geselle mich zu den schwarzen Schafen. Ich will jetzt auch keinem Notar seinen Job streitig machen, aber sie sind nun einmal einfacher, effizienter, schneller und sicherer, diese Smart Contracts. Für mich sind sie eindeutig ein Gewinner!
Nun, mein einer, einsamer Bitcoin. Das kann man jetzt natürlich auf sämtliche andere Kryptowährungen beziehen. Also mein winzig kleiner Bitcoin, der bleibt auch bei mir. Das

habe ich für mich so beschlossen. Damit handeln werde ich nicht. Denn es ist nicht nur eine Kryptowährung. Diese steht und fällt, wird in unmessbare Höhe getrieben und er fällt tief. Wenn man damit handeln möchte, dann könnte man es aber tatsächlich dem Spekulationsmarkt zuordnen. Denn die Nachfrage reguliert das Angebot oder eben auch umgekehrt. Doch für mich ist mein Bitcoin etwas Persönliches. Er ist der Anfang dieser neuen Ära und er steht auch symbolisch für dieses Buch, auf welches ich nach wie vor unglaublich stolz bin. Trotzdem habe ich den Markt der Kryptowährung genaustens im Blick und wer weiß, vielleicht gesellt sich zu dem einen Bitcoin irgendwann noch ein zweiter. Vielleicht wird es auch ein XRP oder vielleicht Ethereum oder sonst was. Ich werde es auf mich zukommen lassen!

Wenn du mich jetzt nach meiner Meinung fragst, ob du dir auch Kryptowährung zulegen solltest, so ist das eine Frage, die ich dir nicht beantworten kann und will. Das musst du für dich entscheiden. Doch denke dran, die Blockchain selbst ist nur die Plattform der Währung. Die Währung folgt noch einmal ihren eigenen Gesetzen, auf die wir hier in dem Buch nicht eingegangen sind. Berücksichtigt man also nur das Wissen, welches du nun von dem Buch bekommen hast, so wäre es sinnvoll, du breitest dein Wissen weiter auf die Kryptowährungen aus. Zumindest auf die Kryptowährung, für die du dich interessierst.

Doch selbst wenn ich dir weder dazu noch davon abrate, dir Kryptowährung zuzulegen, so solltest du dich in jedem Fall intensiver damit beschäftigen. Schaden tut dies in keiner Weise.

Zusammenfassend kannst du dir meine Meinung ja sicher denken: Sie ist pro Blockchain. Wie du dich entscheidest? Ich darf gespannt sein.

Ich hoffe dieses Buch hat dir geholfen, die Basis der Blockchain auf einfache Art und Weise zu verstehen. Ebenfalls hoffe ich, dass du dich jetzt in das Abenteuer Blockchain traust und mit deinem Wissen für Anerkennung sorgst.
Auf deinem weiteren Weg in der Welt der Daten wünsche ich dir aber ganz viel Sicherheit, Informationsaustausch und immer einen wachen Blick für die Geschehnisse um dich herum!

Rechtliches

1. Auflage 2018

Autor: Johannes Bürger

Satz und Gestaltung: Johannes Bürger

Projektkoordination: Arthur Reisbich / Resedaweg 12 / 38518 Gifhorn

Covergestaltung: Lauria

Haftungsausschluss:

Die Nutzung dieses E-Books und die Umsetzung der enthaltenen Informationen, Anleitungen und Strategien erfolgt auf eigenes Risiko. Der Autor kann für etwaige Schäden jeglicher Art aus keinem Rechtsgrund eine Haftung übernehmen. Haftungsansprüche gegen den Autor für Schäden materieller oder ideeller Art, die durch die Nutzung oder Nichtnutzung der Informationen bzw. durch die Nutzung fehlerhafter und/oder unvollständiger Informationen verursacht wurden, sind grundsätzlich ausgeschlossen. Rechts- und Schadenersatzansprüche sind daher ausgeschlossen. Dieses Werk wurde sorgfältig erarbeitet und niedergeschrieben. Der Autor übernimmt jedoch keinerlei Gewähr für die Aktualität, Vollständigkeit und Qualität der Informationen. Druckfehler und Falschinformationen können nicht vollständig ausgeschlossen werden. Es kann keine juristische Verantwortung sowie Haftung in irgendeiner Form für fehlerhafte Angaben vom Autor übernommen werden.

ISBN: 9781726679916

Printed in Poland
by Amazon Fulfillment
Poland Sp. z o.o., Wrocław

66989097R00047

RUTH HEIL

Ganz vertraulich – ganz fraulich

Tips von Frau zu Frau

edition TROBISCH

hänssler-edition Trobisch
Bestell-Nr. 854.158
ISBN 3-7751-9158-5

5. Auflage 2002

Internet: www.haenssler.de
E-Mail: info@haenssler.de
Titelfoto: Bavaria, München
Umschlaggestaltung: Christine Paxmann, München
Druck und Bindung: St.-Johannis-Druckerei, Lahr
Printed in Germany 34112/2002

Für Frauen, um sich besser verstehen zu können,
und/oder für Männer, die wissen wollen,
was in einer Frau vor sich geht...

Lieber Leser,
wenn durch die Lektüre dieses Buches in Ihnen persönliche oder seelsorgerliche Fragen aufgekommen sind, so wenden Sie sich mit diesen bitte an einen Seelsorger Ihres Vertrauens. Gerne dürfen Sie sich auch an die

Family Life Mission, Postfach 1965, 77679 Kehl

wenden, die von Walter und Ingrid Trobisch gegründet wurde. Erfahrene Seelsorger werden Ihnen antworten. Ihre Anfragen werden selbstverständlich vertraulich behandelt.

INHALTSVERZEICHNIS

Vorwort

Seit einigen Jahren schreibe ich regelmäßig für den Rundbrief von FAMILY LIFE MISSION eine Rubrik »**Von Frau zu Frau**«.

Diese kurzen Begebenheiten bewegten Frauen gelegentlich so sehr, daß sie mir schrieben. »Ich fühle mich so verstanden!« ließen mich manche wissen. »Es ist immer der erste Artikel, den ich lese.« »Weil Sie so offen über sich selbst sprechen, muß auch ich nicht mehr vollkommen sein.«

Aber auch Männer, für die diese Zeilen ursprünglich gar nicht bestimmt waren, ließen sich hören: »Ich bin kein großer Leser. Eigentlich würde ich nie ein Buch über die Frau lesen. Aber so ein kurzer Artikel ist auszuhalten und hilft mir, meine Frau zu verstehen.« »Ich staune, wie ›normal‹ meine Frau ist. Oft finde ich ähnliche Situationen wie in unserer Ehe bei Ihnen beschrieben. Das macht mir Mut.« »Gelegentlich konnte ich meine Frau damit überraschen, daß aufgrund des Artikels etwas in mir in Bewegung kam. Ich bekam Ideen, was ich anders machen konnte, um meine Frau glücklich zu machen.«

1
Ich will ihm eine Gehilfin machen

Diese Worte sagte Gott, als er sah, daß es nicht gut war, daß der Mensch allein sei. Für viele Frauen ist dies ein schrecklicher Vers. Gehilfin sein, dem ordnen wir Begriffe zu wie: Putzlappen, Mädchen für alles, Gehorsam aufs Wort etc. Und doch steckt hinter diesem Wort die Aussage: Der Mann braucht eine Gehilfin oder der Mann braucht Hilfe.

Brauchen wir nicht selbst Hilfe? Genau darin liegt die Schwierigkeit vieler Ehen: Jeder erwartet vom anderen Hilfe – und geht zuletzt leer aus.

Wie kann ich als verheiratete Frau meinem Mann eine Gehilfin werden? Immer wieder rate ich Frauen um ihres Mannes willen schwach zu werden, d.h. ihm auch Entscheidungen zu überlassen, die die Frau meint, besser treffen zu können. Epheser 5 sagt dazu, daß wir uns dem Mann unterordnen sollen. Dies klingt sehr passiv. Es heißt, den Mann Haupt sein lassen. Aber ich meine, dies ist nicht einmal genug. Wir sollten den Mann zum *Haupt machen.* Ich höre regelrecht, wie viele Frauen jetzt Luft holen. Das ist doch Katastrophenalarm! Ihm die Kindererziehung überlassen? Unmöglich! Ihm Entscheidungen in die Hand geben? Nein! Wir wünschen uns einen starken Mann, und gleichzeitig nehmen wir ihm alles ab, was zu dieser Entwicklung führen könnte. Aus Angst, er könne eine falsche Entscheidung treffen, entscheiden wir lieber alles selber. Und schließlich machen wir ihm noch zum Vorwurf, daß er nicht die Führung übernommen hat. Für den Mann zur Hilfe werden heißt nicht, ihm alles abzunehmen. Es bedeutet manchmal einfach, schwach werden um des anderen willen; auf seine Entscheidungen warten lernen; sie ihm zuspielen, ohne damit anzugeben, alles besser zu wissen.

Dem Mann eine Gehilfin werden, das gilt auch für die ledige Frau. Eine Frau sollte weniger die Gabe des Verführens kennen als viel mehr die Gabe des Führens, nämlich des Hinführens auf das Wesentliche, auf das Menschsein als Gabe, einander helfen zu wollen. Wo eine Frau an der Arbeit ist, sollte man über kurz oder lang ihre Spuren verfolgen können: verstehend, verbindend, versöhnend dort wirken, wo ihr Platz ist, in den Möglichkeiten, die ihr gegeben sind. Jede Frau trägt in sich die Gabe der Mütterlichkeit. Und genau diese Gabe kann unsere Gesellschaft davor retten, in der Profitgier zu ertrinken. Die Frau, von Gott als Ergänzung geschaffen, ist nicht ein Anhängsel des Mannes. Sie ist ein Gegenüber Gottes, um die Welt ganz zu machen, um Heilung zu bringen, wo Wunden geschlagen wurden. Der Mann braucht jemanden, um ganz zu werden. Er braucht jemanden, um heil zu werden. Fangen wir doch an, ihn nicht als Konkurrenten zu betrachten oder als übermächtiges Gegenüber, sondern einfach als solchen, der Ergänzung braucht, dringend!

ZUM NACHDENKEN: Was empfinde ich bei dem Wort Gehilfin? Klingt dies eher abwertend in meinen Ohren? Wie habe ich meine Mutter erlebt im Umgang mit meinem Vater? Hatte sie das Sagen? Oder nahm sie Ungerechtigkeit stillschweigend hin? Wie sehe ich mich selbst? Bin ich eher nachgiebig im Umgang mit Männern, sei es im Berufsleben oder in der eigenen Ehe? Oder meine ich immer Recht zu haben? Habe ich Angst davor, nicht von ihnen anerkannt zu werden? Sind Rachegefühle in meinem Herzen, weil ich denke, zu kurz zu kommen?

GEBET: Herr, du hast mich als Gehilfin gedacht, die dem Mann zur Hilfe werden soll. Danke, daß dies keine Abwertung ist, sondern höchste Aufgabe. Gib mir die Kraft, Ungerechtigkeit ans Licht zu bringen – aber auch die Weisheit, im richtigen Moment zu schweigen.

MERKE: Gott hat uns Frauen gemacht, damit auf dieser Welt Veränderung geschieht – zum Guten hin.

2
Der Mann, der einst um mich warb, hat geheiratet

Mit Adina stehe ich in Briefkontakt. Sie erlaubte mir, einen Auszug aus einem ihrer Briefe weiterzugeben.

»Selten im Leben ist mir der Unterschied zwischen Theorie und Praxis so deutlich geworden wie in diesen letzten Wochen. Theoretisch weiß ich, daß Gott einen Plan für mein Leben hat, und das glaube ich auch. Ebenso weiß ich, daß ich am richtigen Platz in meinem Beruf stehe. Dies alles sagt mein Kopf, und er hat recht. Die meiste Zeit funktioniert das ganz gut, bis auf die Momente, in denen meine Gefühle mich völlig durcheinanderbringen.

Vor wenigen Wochen hat der Mann geheiratet, der zweimal um meine Hand angehalten hat. Damals konnte ich mich zu keinem freudigen Ja durchringen. Manchmal spielt das Leben schon eigenartig. Man hatte mich nun dazu auserkoren seine Hochzeitstafel vorzubereiten. Niemand weiß um dieses Geheimnis zwischen uns. Am Gedeck zu seiner Rechten dachte ich: 'Da wärst beinahe du gesessen, wenn du nur gewollt hättest.' Doch ich hatte nicht gewollt. Ich hatte ihn nicht gewollt. Nicht daß ich meine damalige Entscheidung bereute. Aber es tut so weh zu denken, daß man eigentlich schon verheiratet, schon Frau sein könnte. Ist es nicht eigenartig, daß mein Sehnen so sehr dahin geht – ja, daß ich mich sogar irgenwie minderwertig fühle, nicht verheiratet zu sein? Aber muß ich jeden nehmen, der mich fragt? Es ist komisch, daß auch mein anderer »Freier« auf dieser Hochzeit zugegen war. Und trotzdem fühlte ich mich alleingelassen, wund und traurig.

Eigenartig: Die Menschen, die für mich zum Heiraten in Frage kämen, wollen mich nicht – und diejenigen, die mich fragen, ob ich sie heiraten möchte, spielen für mich keine Rolle. Bin ich zu wählerisch? Ich weiß, daß ich nicht im voraus kennen muß, was mein

Herr mit mir vorhat. Aber gerade diese Ungewißheit zu ertragen fällt mir schwer. Ich bin alles so leid. So viele Spuren trägt mein Leben, die man nicht einfach wegwischen kann. Aber ich darf diese nicht weiter austreten, darf nicht an dem »Wenn« hängenbleiben, sondern will lernen, weiterzugehen. Und mein Wunsch ist es, meinem Herrn Jesus noch viel mehr zu vertrauen.«

ZUM NACHDENKEN: Vielleicht geht und ging es Ihnen schon ähnlich wie Adina. Dann wissen Sie sicher, wovon sie redet. Wenn wir etwas ähnlich erleben wie ein anderer Mensch, können wir die Gefühle nachvollziehen. Und deshalb leiden wir viel intensiver mit. Vielleicht sind Sie aber verheiratet. Und Sie denken möglicherweise: Die Glückliche! Sie weiß gar nicht, vor was sie verschont geblieben ist. Das Glücklich- oder Unglücklichsein hängt aber weitgehend nicht vom Verheiratet- oder Unverheiratetsein ab, sondern von der Fähigkeit mit meinem Stand umgehen zu lernen. Wer immer nur nach anderen schielt, wird nie im Augenblick leben können und verliert die Augen für die kleinen Freuden.

Kleine Hilfen: Achten Sie heute auf die kleinen »Blumen am Weg«. Bereiten Sie sich selbst eine Freude, sei es schöne Musik bei einer guten Tasse Kaffee oder ein Spaziergang.
Trage ich Groll in meinem Herzen, weil mir Gott (noch) keinen Lebenspartner zugedacht hat? Welcher Bereich des Ledigseins macht mir besonders zu schaffen? Was sehe ich als Sinn für mein Leben?

GEBET: Herr, du kennst meine tiefsten Wünsche und Gedanken. Vor dir ist nichts verborgen, deshalb kennst du meine innere Not. Ordne in mir alle Gefühle, damit ich sie verarbeiten kann. Und hilf mir, ein neues Ja zu meinem Weg zu finden. Ich möchte dir vertrauen, daß, was auch immer auf mich zukommen wird, es von dir das beste für mich ist.

MERKE: Gott kennt meine tiefste Not und trägt mit. »Ich sitze oder stehe auf, so weißt du es. Du verstehst meine Gedanken von ferne« (Psalm 139,2).

3
Das »Aber«, »Wenn« und »Wäre« ...

Unsere Vorstellung, wie der andere sein und reagieren sollte, sind vielfältig. Die Nachbarn handeln oft nicht so, wie wir es gerne hätten. Die Verwandten verhalten sich manchmal ganz anders, als wir uns es wünschten. Unsere Kinder schlagen oft andere Wege ein, als wir uns es vorstellen... Und unser Ehepartner »funktioniert« nicht immer so, wie wir uns das ausgedacht haben! Je enger wir mit einem Menschen zusammenleben, um so häufiger erleben wir, daß wir enttäuscht werden und selbst andere enttäuschen. Diese Enttäuschung hindert uns häufig daran, zu entdecken, wie der andere wirklich ist. Wir halten uns daran auf, daß er nicht so ist, wie wir uns ihn vorgestellt haben. Und dabei bleibt es. Weil der andere nicht so ist, wie wir ihn wollen, werden wir ihn dies immer wieder spüren lassen.
»Wenn er doch wäre wie sein Bruder!« klagte mir neulich eine Frau. Und eine andere seufzte: »Wenn er doch nicht meinem Vater so ähnlich wäre!« Diese Vorstellungen gipfeln in der Sehnsucht nach dem Traumpartner, der uns wirklich glücklich machen würde. Wir müßten nur dem Richtigen begegnen, so wäre unser Glück vollkommen! Verstärkt werden diese Vorstellungen noch durch Frauenzeitschriften, die uns vormachen wollen, daß alles, was nicht stimmt, am anderen liegt. Diese falschen Träumereien schleichen sich in viele Ehen ein – mit bösen Folgen. Eine große Flucht der Mütter hat begonnen, die ihrem Alltag mit all den kleinen und großen Frustrationen weglaufen wollen. Ebenso hat sich eine große Unzufriedenheit im Bereich von Ehe und Familie breitgemacht.
Vor einiger Zeit bekam ich einen Brief von einer Frau, die mir bitter vorwarf, ihre Frage nicht beantwortet zu haben. Sie wollte wissen, ob sie als Christ wieder heiraten dürfe, wenn sie sich nun

scheiden ließe. Sie träumte davon, einen Mann zu finden, der zärtlicher und einfühlsamer wäre und sie besser verstehen würde. Ich dagegen hatte sie motiviert, an ihrer Ehebeziehung zu arbeiten, und sie wissen lassen, daß sie ihre Unzufriedenheit wahrscheinlich auch in die nächste Beziehung mit hineinnähme. Die falsche Art des Vergleichens hindert uns daran, am anderen das Gute zu sehen. Wir sehen durch eine »Negativbrille«. Und doch wollen wir selbst vom anderen positiv gesehen werden.
Es gibt keinen Traumpartner! Jeder Mensch, den wir kennenlernen, bringt seine eigene Geschichte mit seinen Prägungen mit. Und diese werden unterschiedlich zu den unseren sein. Mißverständnisse sind also vorprogrammiert! Es gibt nur einen Weg: den anderen annehmen! Martin Buber sagte einmal: »Jeder Mensch auf dieser Erde ist auf der Suche nach einem Menschen, der ihm das Ja des Seindürfens zuspricht.« Wir alle sind auf dieser Suche. Jesus kommt uns entgegen. Er streckt seine Hände aus und sagt Ja zu uns. Ja zu unserer Unvollkommenheit, Ja zu unserer Fehlerhaftigkeit, Ja zu unserem Versagen. Dieses Ja dürfen wir für uns selbst beanspruchen. Wir dürfen es auch erbitten für alle, die wir nicht annehmen können, die uns schwerfallen, von denen wir uns verletzt fühlen. Wir dürfen Jesus bitten, dieses Ja, das wir selbst nicht zustande bringen, in uns zu sprechen. Machen Sie sich eine Liste der Menschen, die sie als schwierig empfinden, und fangen Sie an, für sie zu beten. Wenn Sie Kraft dazu haben, beginnen Sie diesen Menschen Gutes zu tun, und zwar unabhängig von deren Reaktion. Wir alle sind auf der Suche nach diesem Ja zu uns selbst. Sprechen Sie mit Gottes Hilfe dieses Ja zum anderen.

ZUM NACHDENKEN: Bei welchem Menschen bereitet es mir besondere Schwierigkeiten, ihn anzunehmen? Mit welchem Menschen vergleiche ich heimlich meinen Ehepartner? Wen möchte ich annehmen, statt ständig in der Erwartung zu leben, daß er sich ändert?

GEBET: Herr, es fällt mir so schwer, ... anzunehmen. Eigentlich möchte ich in ihm dein Bild erkennen, aber dieses Bild scheint mir sehr entstellt. So kannst du den anderen doch nicht gemeint haben? Ich möchte so gerne von dir angenommen sein mit all meinen Fehlern. Meine eigenen scheinen mir nur oft viel kleiner als die von .... Aber weil du mich angenommen hast, will ich es wagen, die Menschen anzunehmen, mit denen ich Mühe habe.

MERKE: Jemanden annehmen heißt: Ihn mit den Augen Gottes sehen.

4 Mißverständnisse – oder: »ich würde es anders machen«

»Ich höre am liebsten Menschen über sich selbst erzählen«, las ich von einem Buchautor. Er begründete es folgendermaßen: »Über sich selbst reden sie meist nur Gutes.« Seien wir einmal uns selbst gegenüber ein wenig kritisch. Ist es bei uns nicht ähnlich? Die Motive für unser eigenes Handeln sind uns vertraut. Wir wollen dem anderen eigentlich nicht böse, vielleicht sogar gut. Aber wir entdecken, daß die Botschaft nicht ankommt, daß er sie ignoriert oder nur wenig honoriert. Das macht uns ärgerlich. Beleidigt ziehen wir uns – falls wir geduldige Menschen sind, erst nach ein paar weiteren Versuchen – zurück. Bei Gesprächen mit Ehepaaren empfinde ich das besonders gravierend. Die meisten von ihnen heirateten in der Absicht, einander glücklich zu machen. Im Lauf der Jahre meinen sie zu entdekken, daß ihre dem Partner geschenkte Zuneigung überhaupt nicht erwidert wird. Weil man nicht empfängt, was man erwartet, wird man bitter: bitter gegenüber dem Ehepartner, bitter gegen die Schwiegermutter, bitter gegen den Nachbarn, bitter gegen den Chef... Man findet an ihnen all das als störend, was man selbst anders machen würde. Das sind oft ganz alltägliche Dinge: »Warum lassen die Nachbarn so furchtbar laut den Rolladen herunter, wenn es auch leiser ginge ?!«

Die Kritik am anderen macht uns mit der Zeit regelrecht blind für das Gute, das er hat. Wir halten uns an seinen Negativpunkten auf. Eine Frau erzählte mir folgendes: »Ich ärgerte mich immer so sehr, wie mein Mann morgens die Vorhänge aufzog und so schlampig hängen ließ. Obwohl ich ihm wiederholt sagte, wie sehr mich das störte, veränderte sich nichts. Ich ordnete es als Gleichgültigkeit gegenüber meinen Gefühlen ein. Wenn ich schließlich aufstand, war ich schon so geladen, daß ich ihm kaum

»Guten Morgen« sagen konnte. Doch ich merkte, wie diese dumme Geschichte unsere Einheit zerstörte. Mein Herz schrie nach Rache, aber ich wußte, daß uns das beiden nicht helfen würde. Während ich am nächsten Morgen die Vorhänge ordnete, betete ich: »Herr Jesus, segne du meinen Mann an diesem Tag. Ich vergebe ihm diese Nachlässigkeit, weil auch du mir all meine Schuld vergeben hast.« Froh konnte ich durch den Tag gehen. Meine Gedanken waren befreit von dem Gefühl nach Rache sowie von dem Empfinden, nicht für voll genommen zu werden; das Gefühl der Bitterkeit war gewichen. Dies wirkte sich auf unsere Ehe aus. Eine neue Zuneigung begann zu wachsen.

ZUM NACHDENKEN: Was verletzt mich in unserem Zusammensein ständig? Habe ich es schon ausgesprochen? Bin ich bereit, meinem Gegenüber seine Nachlässigkeit zu verzeihen? Traue ich Gott zu, daß ich daran nicht bitter werde, sondern Barmherzigkeit lerne?

GEBET *(entstanden zu Beginn der Erweckung durch John Wesley 1703-1791):*
»Vater, ich liebe meine Brüder und Schwestern.
Ich liebe sie, weil du sie liebst.
Ich liebe sie, obwohl sie Fehler machen.
Vater, ich vergebe ihnen, wo sie sich gegen mich gewandt haben.
Ich bitte für mich selbst um Vergebung,
wo ich sie nicht liebte,
wo ich mich von ihnen absetzte,
wo ich sie verurteilte
und wo ich Verachtung aussprach.
Herr, ich will mein Herz, meine Gedanken und meinen Mund bewahren, daß sie nichts Negatives und Zerstörerisches denken und sagen über meine Geschwister...
Heiliger Geist, fülle mich bitte mit deiner Agape und laß mich überfließen.«

MERKE: Besser als Groll ist das Aussprechen und das Vergeben.

5
Der gute Ton

Dieser Tage fiel mir ein Buch mit diesem Titel in die Hände. Es behandelte den Umgang miteinander in der Öffentlichkeit. Ich dachte darüber nach, daß es auch wichtig wäre, ein Buch zu schreiben, in dem man nachlesen könnte, wie man mit Freunden, Bekannten und dem Ehepartner umgehen sollte. Je länger wir einander kennen, mit um so weniger Behutsamkeit gehen wir miteinander um. Durch ein gewisses Maß an Vertrautheit verlernen wir oft die Fähigkeit, festzustellen, wann wir einander verletzen. Dazu gesellt sich Unwissen über den anderen, so daß wir in manchen Situationen nicht erfassen, was er uns sagen will, weil wir es schon zu wissen meinen. Dieser Kreis schließt sich oft in einer bösen Weise. Eine der Möglichkeiten ist ein ständiger Machtkampf, bei dem alle Betroffenen unglücklich sind. Eine andere Möglichkeit, die weit öfter eintritt, ist, daß einer der Partner zu schweigen beginnt: zu schweigen und zu leiden. Im Jakobusbrief (Kap. 1 Vers 19) heißt es: »Ein jeder Mensch sei schnell zum Hören, langsam zum Reden, langsam zum Zorn.« Das ist das erste Geheimnis des Miteinanderredens: Zuhören lernen. Jedem fremden Menschen, der uns etwas vermitteln will, leihen wir unser Ohr. Wir wollen höflich sein. Denen, die wir kennen, geht es in diesem Punkt viel schlechter. Hier ist es umgekehrt. Wir erwarten Verständnis für uns selbst.
Eine Ehefrau drückte es so aus: »Noch nie habe ich mich für Computer interessiert. Wenn mein Mann schon davon anfängt, deute ich ihm an, daß ich keine Ahnung habe. Neulich war ein Geschäftsfreund von ihm da, und mein Mann war nicht zu Hause. Ich staunte nicht schlecht, als ich im nachhinein merkte, daß wir die ganze Zeit über Computer gesprochen hatten und es mir keinen Moment langweilig war. »Wenn wir den Filter des

Nicht-wissen-Wollens vor uns halten, werden wir vieles nicht verstehen. Wir müssen wieder lernen, schnell zu werden im Hören. Wer nicht zuhört, dem wird man auch nicht zuhören. Wieder schließt sich ein negativer Kreislauf. Unterbrechen wir diesen doch, indem wir uns bewußt vornehmen, auf den anderen einzugehen, hinzuhören, was er mitteilen will. Schnell zum Hören heißt nicht, schnell zuhören, sondern sich ganz und gar in die Lage des anderen versetzen! Hören ist aber nur ein Teil des Ganzen.

Der Jakobusbrief sagt weiter: Langsam zum Reden. »Vor Inbetriebnahme des Mundwerks Gehirn einschalten« sagt der Volksmund. Diese Worte beinhalten eine große Wahrheit. Gerade der Temperamentvolle neigt dazu, zu schnell zu antworten. Und oft tut es ihm hinterher leid, jedoch Verletzungen sind nun vorhanden, und es braucht manch langen Weg, bis sie wieder heilen. Langsam zum Reden ist nicht gleichzusetzen mit schweigen! Schweigen kann ungeheuer verletzen. Man »igelt« sich ein. Man gibt sich nicht Preis. Man wahrt den Schein des Überlegenen, und der andere bleibt in einer großen Hilflosigkeit sich selbst überlassen, unfähig, die eigentliche Problematik zu erkennen. Wer schweigt, kann genauso schuldig werden, wie der, der schreit. Wir haben von Gott die Sprache bekommen, um uns mitteilen zu können. Und wir wollen sie benutzen. Leider reden gerade wir Frauen oft im falschen Moment. Fühlen wir uns gut, so halten wir ziemlich viel aus. Sind wir aber psychisch in einer schlechten Verfassung, reagieren wir eher unangebracht stark, indem wir den ganzen Frust der Vergangenheit mit aufrollen. Sinnvoll ist es, wenn es uns gutgeht, Situationen »in kleinen Portionen« aufzuarbeiten. Dabei geht es nicht um die Auflistung der Tatsachen, die der andere scheinbar falsch gemacht hat. Vielmehr muß ich lernen, meine eigenen Gefühle dazu weiterzugeben. Also nicht: »Du bist gemein«, sondern »Ich fühle mich verletzt. Ich bin traurig, wenn du so etwas sagst«. Oder auch: »Diese Redensart gebrauchte mein Vater, wenn er mich zurechtweisen wollte.« Dies gibt dem Gegenüber die Möglichkeit, etwas zurechtzurücken, und hindert ihn daran, sofort zurückzuschlagen.

Langsam zum Reden heißt auch, Gott in meine Unterhaltung mit einzubeziehen. Ich kann ihn darum bitten, mir Weisheit beim Antworten zu geben. Am besten wäre es, vor jedem Gespräch, das mir zur Klärung einer bestimmten Angelegenheit wichtig ist, zu beten.

ZUM NACHDENKEN: Welche Waffe gebrauche ich, wenn ich mich verletzt fühle? Wie fühle ich mich dabei? Wie könnte ich beim nächsten Gespräch anders reagieren?

GEBET: Herr Jesus, du willst ja die verbindende Mitte unserer Ehe und Familie sein. Ich bitte dich, daß du mir bei den kommenden Gesprächen deine Weisheit und deine Liebe gibst. Bewahre meinen Mund vor falschen Worten. Mache meine Ohren willig, die Aussagen des anderen nicht als Anklage gegen mich zu hören. Ich will aus den Worten, die er sagt, seine Gefühle kennenlernen und heraushören, wo ich ihn verletzt habe. Leite mich mit deinem Heiligen Geist.«

MERKE: Wie goldene Äpfel auf silbernen Schalen ist ein Wort, gesprochen zur rechten Zeit (Siehe Sprüche 25,11).

6
Selbstverständliches

»Wer eine Ehefrau gefunden hat, der hat etwas Gutes gefunden« (Sprüche 18,22). Dies gilt sicher auch für den Ehemann. Leider ist man davon meist nur *vor* der Hochzeit uneingeschränkt überzeugt. Ist man verheiratet, so sieht es eher umgekehrt aus. Man gerät von einer Enttäuschung in die nächste. Das Gute im Ehepartner wird zu etwas Selbstverständlichem, das keiner Erwähnung wert ist. Aber das, was einem nicht gefällt, spricht man deutlich aus. Dies führt häufig zu Unstimmigkeiten. Eine Ehefrau versuchte, dies zu umgehen. Sie machte mit ihrem Mann aus, für eine Woche lang ein Beschwerdekästchen anzulegen. Er erklärte sich einverstanden. Am Wochenende setzten sich beide zusammen, um den Inhalt aufzuarbeiten. Die jeweilige Farbe der Zettel sagte, von wem sie geschrieben worden waren. Zunächst öffnete der Mann die Papiere, die ihm bestimmt waren. Da stand: »Du warst heute launisch und unausgeglichen.« Und auf einem anderen war die Anklage: »Obwohl ich dich gebeten habe, mich öfter in den Arm zu nehmen, hast du nicht genug darauf geachtet.« Der Mann las stumm die Anklagen und schaute seine Frau dann liebevoll an. »Ich bin wirklich nicht vollkommen«, sagte er bekümmert, »gibst du mir bitte noch weitere Gelegenheiten zum Üben?« Die Frau versprach es. Noch war vor ihr der kleine Berg der Zettel mit seinen »Anklagen«. Während sie einen nach dem anderen öffnete, traten ihr Tränen in die Augen. Auf allen Zetteln war geschrieben: »Ich liebe dich.«

Sicher ist diese Aussage nicht genug, um anstehende Problem aufzuarbeiten. Auch zu wenig konkret, um Ansatzpunkte zu hen, wie sich etwas ändern könnte. Und doch stand in die Zetteln genau das zu lesen, was jeder von uns sich tief drinnen

wünscht: Ich bin angenommen trotz meiner Schwächen, meiner Unausgeglichenheit und meiner Vergeßlichkeit. Jeder von uns sehnt sich danach, daß der andere sieht, was er für ihn tut. Und doch liegt genau darin unsere eigene Unfähigkeit, beim anderen dies nicht zu erkennen. Wir sind geradezu darauf gepolt zu sehen, was nicht ist, wie es sein sollte. Und wir vergessen dabei, daß vieles andere eben deshalb funktioniert, weil der andere handelt. So ließ mich eine Ehefrau wissen: »Ich wünschte mir so sehr, daß mein Mann sieht, wenn es bei uns aufgeräumt ist. Aber darüber verliert er kein Wort. Er beanstandet nur, wenn ein Durcheinander ist.« »Wann haben Sie ihn das letzte Mal dafür gelobt, daß er sein Geld nicht in Kneipen läßt, sondern nach Hause bringt?« fragte ich sie. Sie begann zu lachen: »Darüber habe ich noch nie nachgedacht. Das dürfte er als Christ ja außerdem gar nicht!«
Für uns Frauen ist es sehr wichtig, uns genauso zu verhalten, wie wir selbst behandelt sein wollen: das Positive beim Ehemann neu entdecken und aussprechen. Seine guten Eigenschaften sind nicht selbstverständlich! Durch die Dankbarkeit für die vielen »Selbstverständlichkeiten« im Alltag (Rasenmähen, Reparaturen im Haus, Willkommensgruß, neidlose Gewährung des Taschengeldes usw.) verliert das Böse an Macht.

ZUM NACHDENKEN: Wann haben Sie Ihrem Ehemann das letzte Mal für etwas »Selbstverständliches« Dankeschön gesagt?

GEBET: Vater im Himmel, in deinem Wort heißt es: »Ist etwas Gutes, dem denket nach«. Das ist nicht ganz einfach. Meistens beschäftigt mich mehr das andere, das nicht so ist, wie ich es mir wünsche. Gib mir die Kraft, meine Augen auf das Gute an meinem Ehepartner zu lenken und es auch auszusprechen.

MERKE: »Behandelt die Menschen (den Ehemann) so, wie ihr selbst von ihnen behandelt werden wollt« (Matth. 7, 12 – Die Gute Nachricht).

7
Dankbar werden

Ein Naturforscher prüfte mit seinem Mikroskop Moos und zeigte es einem Schäfer, der in der Nähe seine Schafe weidete. »Wie prächtig«, rief dieser erstaunt aus, fügte aber mit einem Seufzer hinzu: »Und schon so viele Jahre ging ich über diese Pflänzchen hin und merkte nichts von ihrer Schönheit!« Wie oft gehen wir über die Kleinigkeiten unserer Mitmenschen und unseres Partners hinweg, die man als schön bezeichnen könnte und für die wir blind sind, weil uns die Dinge, die uns nicht passen, so sehr gefangennehmen. Wir haben verlernt, uns am Kleinen zu freuen, einander das Liebenswerte zu sagen und das Verbindende dadurch zu stärken.

Wenn Sie heute Ihren Ehepartner (oder Mitmenschen am Arbeitsplatz) verlieren würden, was würde Ihnen am meisten fehlen? Wie wäre es, wenn Ihr Mann, den Sie lieben und der Ihnen wahrscheinlich auch manchen Schmerz zugefügt hat, heute abend einen Liebesbrief vorfinden würde, in dem Sie ihm sagen, daß Sie ohne ihn gar nicht weiterleben möchten?! Entdecken Sie neu die Kleinigkeiten und fangen Sie an, dafür zu danken. Wer anfängt zu danken, der findet immer neue Möglichkeiten und Wege, die kleinen guten Dinge den großen entzweienden entgegenzusetzen. »Wer Dank opfert, der preiset mich, und das ist der Weg, daß ich ihm zeige das Heil Gottes« (Psalm 50,23).

ZUM NACHDENKEN: Wenn ich mir wünschen könnte, wofür ich Dank erwarte, was würde ich ausdrücken? Könnte ich heute meinem Mann, meinen Kindern, für etwas danken, was sie ständig erledigen, ohne daß ich ein Wort darüber verliere? Für welche Dinge will ich Gott meinen Dank ausdrücken?

GEBET: Vater im Himmel, das Meckern fällt mir viel leichter, als Worte des Dankes auszusprechen. Aber ich selbst mag es gerne, wenn sich jemand bei mir bedankt. Bitte lehre du mich, wie ich die anderen damit beschenke, womit ich selbst bedacht werden will.

MERKE: Durch Meckern kommt wenig in Bewegung. Danken macht froh!

8
Ich möchte ... Spuren hinterlassen

»Ich möchte ...« Sicher haben Sie schon oft einen Satz mit diesen Worten begonnen. Manchmal folgt Belangloses, zuweilen auch sehr Wichtiges.

Eine Bekannte schrieb mir, nachdem sie lange darüber nachgedacht hatte, welches Ziel sie für ihr Leben als erstrebenswert halte: »Ich möchte, dort wo ich war, gute Spuren hinterlassen.«

Das hat mich bewegt. »Spuren hinterlassen«, ist das nicht unser aller Wunsch?! Aber welche Spuren hinterlassen wir? Als ich vor einiger Zeit meinen schlafenden Mann betrachtete, studierte ich die Falten auf seiner Stirn, die sich dort in 25 gemeinsamen Ehejahren angesammelt haben. In ihnen spiegeln sich persönliche und berufliche Höhen und Tiefen wider. Welche dieser Falten waren wohl vom starken Nachdenken entstanden? Welche durch Sorgen? Und welche von ihnen entstammten dem Kummer und Schmerz durch Mißverständnisse zwischen ihm und mir? Wie oft müssen meine Worte ihn verletzt haben! Meine Anforderungen durch Erwartungen, Sehnsüchte und Vorwürfe – welche Spuren haben sie hinterlassen? Bei diesen Gedanken erschrecke ich. Dies sind nicht die Spuren, die ich hinterlassen will!

Es ist eigenartig, daß Kritik und Tadel so leicht von unserer Zunge gehen. Am häufigsten setzen wir sie bei den Menschen ein, die uns eigentlich die wertvollsten und liebsten sind. Warum bloß nörgeln wir an ihnen so viel herum? Oft sind wir blind für all das Gute, das der uns am nächsten stehende Mensch hat. Doch es gibt Hoffnung! So wie Jesus die Augen der Blinden heilte, so kann und will er unsere innere Blindheit wegnehmen. Jesus sah nicht auf das Äußere, auf die Lumpen, in die der Bettler gehüllt war. Jesus sah vielmehr auf die wahre Not seines Gegenübers. Wir Ehefrauen dürfen lernen, leuchtende Spuren im Leben unseres Mannes und unserer Kinder zu hinterlassen. Dies ist unsere Lebensaufgabe. Würden alle Frauen, die sich zu Jesus bekennen, sich von seinem Geist füllen lassen – wie gut wäre es dann um unsere Kirchen und Gemeinden bestellt!!

ZUM NACHDENKEN: Was ist mein Anklagepunkt gegen mich selbst? Habe ich mir zu hohe oder zu viele Forderungen gestellt, die ich letztlich gar nicht erfüllen kann? Welche Spur will ich heute um Jesu willen beginnen? Geben Sie nicht auf, auch wenn Sie so bald keine Frucht sehen!

GEBET: Herr, so oft habe ich mich schon bemüht. Eigentlich habe ich fast keine Hoffnung mehr. Immer wieder habe ich resigniert aufgegeben, weil doch alles beim Alten blieb. Aber im Vertrauen auf dich will ich noch einmal beginnen. Und ich bitte dich: Gib mir den längeren Atem!

MERKE: Gott nimmt uns keine Arbeit ab, die wir selbst tun können. Aber er unterstützt uns dabei.

9
Tragen und ertragen

»Dem anderen zum Kleiderbügel werden«
Gerade bin ich wieder am Aufräumen. Dabei lese ich die Kleider der Kleinen auf und ärgere mich. Hatte ich ihnen nicht gesagt, daß sie die Kleider auf einen Bügel hängen sollen? Nun sind sie zerknittert. Eigentlich sollten sie sie selbst aufhängen, aber wenn ich bis morgen warte, wenn sie ausgeschlafen haben, werden die Kleider noch schlimmer aussehen. Während ich den Kleiderbügel in der Hand halte, gehen allerhand Gedanken durch meinen Kopf: Für was ist solch ein Kleiderbügel alles gut? Er hält die Kleider in Form. Wenn man sie aufhängt, hat man weit weniger Arbeit, sie in Ordnung zu halten, als wenn man sie einfach auf den Stuhl legt.
Es sind allerdings dabei ein paar Handgriffe mehr notwendig. Aber dieser Aufwand lohnt sich. Eigentlich sagt solch ein Bügel eine Menge darüber aus, wie wir im zwischenmenschlichen Bereich miteinander umgehen. Wie oft sind uns diese Handgriffe lästig. Wir sind zu müde, zu ausgelaugt. Wir wollen, daß ein anderer unsere »Kleider« aufhängt. Wir selbst möchten uns viel lieber hängenlassen. Aber der andere ist oft zu müde, um Kleiderbügel für uns zu sein. Statt uns einander zu er*tragen*, be*hängen* wir lieber einander mit Vorwürfen: Warum bist du nicht liebenswürdiger zu mir, statt dessen »zerknittert«. Ich würde mich viel lieber von dir tragen lassen, als dich zu er*tragen*! Nicht umsonst heißt es in Gal. 6,2 :«Einer trage des anderen Last.« Das heißt ganz einfach: Seid einander Kleiderbügel, an den der andere sich hängen kann und »entknittert« wird. Macht einander keine Vorwürfe, wenn ihr schlecht gelaunt seid, sondern helft einander, wieder in Form zu kommen, indem ihr einander er*traget*: dem anderen auf den Kleiderbügel helft. Die Kleiderbügel haben an ihrem oberen Ende ei-

nen Haken, der darauf hinweist, wo ein Kleiderbügel hingehört, nämlich an die Kleiderstange. Alles Überstreifen der Kleider auf den Bügel hilft überhaupt nichts, wenn das Ganze nicht aufgehängt wird. Deshalb helfen auch menschliche Ratschläge allein, so gut sie gemeint sind, nicht viel weiter. Wir brauchen vielmehr die »Aufhängung« in Gott, um den anderen wirklich tragen zu können. Sonst ist er uns zu schwer. So dürfen wir also aktiv mitarbeiten, indem wir den Bügel benutzen, aber das Gewicht wird letztlich doch nur von der Kleiderstange gehalten.
Einander ertragen heißt, sich gegenseitig liebevoll vor Gott bringen in dem Wissen: Bei ihm dürfen wir uns aufhängen und werden, auch wenn wir schwach sind, festgehalten. Die vielen kleinen Handgriffe des Aufhängens im Alltag ersparen uns das anstrengende Reinemachen. Das ist aufs Ganze gesehen viel weniger anstrengend, weil weniger aufwendig und mit weniger Arbeit verbunden. Beim langen Liegen haben sich die Falten nämlich schon so lange »gesetzt«. Deshalb: Bald aufhängen!

ZUM NACHDENKEN: Was fällt mir schwer, am anderen zu ertragen? Wie gehe ich mit meinem Partner, Kind, im Beruf mit den Menschen um, wenn sie »zerknittert« sind? Wie wünsche ich mir, daß andere mit mir umgehen, wenn es mir nicht gutgeht? Wie geht Gott mit mir um, wenn es mir elend geht? (Dazu kann man den Psalm 23 lesen.)

GEBET: Herr, wenn es mir nicht gutgeht, wünsche ich mir so sehr, daß mich jemand trägt und erträgt. Aber oft habe ich dann den Eindruck, daß der andere nur von mir etwas erwartet. Ich fühle mich wie der Kranke am Teich von Bethesda, der zu dir sagte: »Herr, ich habe keinen Menschen, der mich hin*trägt.*« Für diesen Menschen damals hattest du die Lösung, daß du ihn heiltest. Nun brauchte er nicht mehr getragen zu werden, sondern konnte andere hin*tragen.* Danke, daß ich meine »Aufhängung« in dir haben darf. Bei dir darf ich mich hängenlassen und du trägst mich. Und noch mehr: Weil du mich trägst, kann ich andere tragen und er*tragen*.

MERKE: Werden Sie zum Kleiderbügel für Ihren Ehepartner, indem Sie die »Aufhängung« in Gott täglich neu befestigen.

10
Ich hab Dich lieb

Meine kleine Maus schaut mir beim Zähneputzen zu. »Weißt du, was?« fragt sie mich. Ich überlege, was jetzt wohl kommen wird. Vielleicht sagt sie: »Du bist zu dick«? Kinder können einem ja schonungslos die Wahrheit sagen. Statt der erwarteten Korrektur sagt mir meine Kleine: »Ich habe dich 102.000 mal lieb!« Wahrhaftig, eine gewaltige Zahl! Wie viele von uns sehen Gott als den uns mit Argusaugen beobachtenden Herrscher! Er sieht unsere Schwächen. Er betrachtet mißmutig unser Verhalten. Es ist eigenartig, wie sich das erlebte menschliche Vaterbild oft im Gottesbild wiederfindet. Das sollte alle Väter dieser Erde dazu bringen, *Vorbilder* zu werden – dieses Wissen, daß ihr irdisches Vorbild auf den himmlischen Vater übertragen wird. Aber es sollte auch allen Menschenkindern sagen: »Gott-Vater ist anders!« Er hat nicht die Launenhaftigkeit und Fehlerhaftigkeit eines irdischen Vaters. Bei Gott-Vater steht ganz am Anfang und bis zuletzt die *Liebe*. »Ich habe dich 102.000 mal lieb!« Und diese Liebe »deckt der Sünden Menge« (1. Petrus 4,8). Weil wir von diesem Vater geliebt werden, treten sogar die Unschönheiten des anderen in den Hintergrund. Wer den anderen mit den Augen der Liebe sehen lernt, der sieht nicht das Störende, sondern das Liebenswerte. »Ich habe dich 102.000 mal lieb!«

ZUM NACHDENKEN: Gegen wen hege ich Groll in meinem Herzen? Wem kann ich nicht vergeben? Weshalb?

GEBET: Es ist schwer, Bitterkeit loszulassen, Herr. Ich meine ein Recht darauf zu haben. Wenn ich so einfach verzeihe, vielleicht werde ich erneut verletzt. Doch dann sehe ich dein Bild vor mir. Am Kreuz breitest du deine Arme für mich aus, um mir immer neu zuzusprechen, daß deine Liebe alle meine Fehler tilgt. Gib mir die Kraft, zu meinem Ehepartner zu sagen: »Ich hab' dich lieb«, auch wenn er es nicht verdient hat.

MERKE: Je mehr ich dem anderen nachtrage, um so weniger kann Gott mir vergeben: »Vergib uns unsere Schuld, wie auch wir vergeben unsern Schuldigern« (Matth. 6,12).

11
Die Kunst des liebevollen Schweigens

In Asperg war Pfarrer Flattich allgemein bekannt wegen seiner guten, wenn auch ausgefallenen Ratschläge. Eines Tages kam eine Bäuerin zu ihm, die sich bitter über ihren Mann beklagte: »Er treibt sich in Wirtshäusern herum, und wenn er nach Hause kommt, schlägt er mich.« »Hör zu«, sagte Pfarrer Flattich, »du besorgst dir am Bach einen glatten Kieselstein. Wenn du deinen Mann das nächste Mal nach Hause kommen siehst, lege dir schnell den Stein unter die Zunge und sorge dafür, daß er nicht verrutscht.« Die Bücher berichten, daß diese Ehe gut wurde.

Mich hat diese Geschichte nachdenklich gemacht. Ist es nicht gerade die Zunge, die den Ehepartner forttreibt? Jakobus bezeichnet sie als unruhiges Übel voll von tödlichem Gift. Wie viele Verletzungen haben wir schon unserem Nächsten damit zugefügt! Wir möchten das letzte Wort behalten! Unser Recht muß proklamiert werden! Man kann doch nicht einfach Ja zu allem sagen! Oder doch?

Ich habe in der vergangenen Woche versucht zu schweigen, nachdem ich meinem Mann meine Meinung zu einer Angelegenheit unterbreitet hatte. Er entschied anders. Vielleicht habe ich da das erste Mal bewußt erlebt, wie befreiend es sein kann, die Meinung des anderen zu respektieren und zu akzeptieren. Schweigen kann andererseits todbringend für eine Ehe sein. Es kommt auf das *Wie* des Schweigens an. Es gibt ein liebevolles Schweigen, ein vorwurfsvolles Schweigen, ein verständnisvolles Schweigen und ein zärtliches, aber auch ein kaltes, abweisendes Schweigen. Eigenartig, daß Schweigen im anderen das Gefühl von Wärme zu erwecken vermag, ebenso wie es Frösteln bewirken kann. Was auch immer Ihr Problem sein mag, Sie können die Methode mit dem Kieselstein ausprobieren. Es muß jedoch die rechte Art des Schweigens dazu ausgewählt werden. Wenn Sie noch zusätzlich üben, den Vater im Himmel um Weisheit zu bitten, dürfen Sie das Wort in Anspruch nehmen: »Sei fröhlich und getrost. Der Herr kann große Dinge tun.«

ZUM NACHDENKEN: Wann setze ich mein Schweigen ein? Wie setze ich mein Schweigen ein? Bin ich bereit, über die Argumente des anderen nachzudenken, oder sammle ich beim Hören nur Gegenargumente? Wie ordne ich das Schweigen meines Partners ein? Ist er vielleicht nur hilflos oder verletzt?

GEBET: Vater, wenn ich Weisheit brauche, dann in dieser Angelegenheit. Ich würde gerne im richtigen Moment schweigen, aber meine Zunge ist oft schneller als meine Gedanken. Danach tut es mir leid, doch es ist oft schon zu spät. Ich brauche dich wirklich, weil ich das allein nicht schaffe. Danke, daß du mir dabei hilfst.

MERKE: Liebevolles Schweigen ist manchmal die beste Antwort.

12
Ihm in Freud und Leid die Treue halten

Am letzten Samstag heirateten liebe Freunde von uns. Wie freute ich mich über dieses prächtige Paar. Eines der Lieblingslieder des Bräutigams ist das Lied: »Ins Wasser fällt ein Stein, ganz heimlich still und leise, und ist er noch so klein, er zieht doch weite Kreise...«

Während wir dieses Lied sangen, gingen viele Gedanken durch meinen Kopf. Ich dachte an die stillen Bergseen in Österreich, die wir mit den Kindern umwandert hatten. Und ich erinnerte mich, wie es den Kindern Spaß gemacht hatte, Steine ins ruhige Wasser zu werfen und zu beobachten, wie solch ein kleiner Stein etwas Gewaltiges bewirkte. Um ihn bildete sich Kreis um Kreis, immer größer werdend, schier nie enden wollend. Eine winzige Ursache – eine gewaltige Wirkung! Wie viele kleine Ursachen wird es im Leben dieser beiden Eheleute geben, die große, gewaltige Kreise ziehen werden. Vielleicht scheinbar lächerliche Aussagen, die den anderen tief verletzen, ihn demütigen – und anscheinend gar nicht schlimm gemeint. Es sind die kleinen Füchse, die den Weinberg verwüsten, heißt es in den Sprüchen. Das meint, daß die Kleinigkeiten oft mehr Schaden anrichten, als man gewöhnlich annimmt.

Wie macht man das alles rückgängig? Wenn nun ein Stein geworfen ist, kann man ihn nicht mehr zurückholen. Die Kreise bilden sich. Vielleicht erschrickt mancher, wenn er merkt, was der kleine Stein angerichtet hat. Aber dann ist es schon zu spät. Manch einer wirft aus Verzweiflung einen noch größeren Stein. Dieser ist dann so gewaltig, daß er den anderen »erschlägt«. Man kann jedoch einen großen Stein dazuwerfen, damit die Kreise des ersten verschwimmen. Und das ist der gewaltige Stein der Vergebung. Er läßt die Schuld ertrinken, buchstäblich

untergehen. Wohl dem, der einen solchen Stein wirft und jubelnd sagen kann: »Der erste Stein hat seine Kraft verloren, was zählt, ist der zweite.« Über all den vielen Kreisen, die wir durch unser Menschsein verursacht haben, bringt Gott, wenn wir wollen, dieses Wasser durcheinander und schreibt mit gewaltigen Worten darüber: Das Alte ist vergangen, siehe, es ist durch Jesus alles neu geworden! Wir dürfen neu beginnen – auch als Eheleute –, weil Gott uns täglich eine neue Chance einräumt.
Nach der Predigt folgten die Worte, die die Eheleute mit Ja beantworten müssen, um getraut zu werden. Welche Worte getraut man sich da zu bejahen! Und man ist überzeugt davon, daß man sie halten wird. Die Liebe ist so unendlich groß! Bonhoeffer sagte einmal in einer Trauansprache: »Nicht die Liebe trägt eure Ehe, sondern die Ehe trägt eure Liebe.« Unsere menschliche Liebe ist solch ein zerbrechliches Ding. Sie braucht den Schutz der göttlichen Zusage, um zu überleben. Sie kneift gerne, wenn es schwierig wird, weicht aus, zieht sich zurück, flieht, wenn es unangenehm ist. Im tiefsten Grunde suchen wir alle nur unser eigenes Glück und benutzen den anderen, um es vollkommen zu machen. Und irrtümlicherweise bezeichnen wir dies als unsere Liebe zu ihm. Allen, die verheiratet sind, möchte ich als Erinnerung an ihr eigenes Versprechen die Worte von damals wiederholen: *Bist du bereit... deinen Ehepartner aus Gottes Hand zu nehmen, ihn zu lieben* (ohne Zusatz: Falls er sich so verhält, wie du es dir vorstellst), *ihn zu ehren* (ohne Zusatz: Falls er dessen würdig ist), *ihm in Freud und Leid die Treue zu halten* (ohne Zusatz: Aber nur, so lange er nicht krank ist), *bis der Tod euch scheidet* (ohne Zusatz: nur dann, wenn dich der andere wirklich glücklich macht, ansonsten ist es gestattet, einen weiteren Versuch zu starten...)
Das am Anfang erwähnte Lied schließt folgendermaßen: »Nimm Gottes Liebe an, du brauchst dich nicht allein zu müh'n. Denn seine Liebe kann in deinem Leben Kreise zieh'n. Und füllt sie erst dein Leben und setzt sie dich in Brand, gehst du hinaus, teilst Liebe aus, denn Gott füllt dir die Hand...« auch und in besonderem Maße für deinen Nächsten... für deinen Ehepartner.

ZUM NACHDENKEN: Was zog mich damals an meinem Ehepartner besonders an? Was stört mich heute besonders an ihm? Welche Dinge kann ich ihm nicht vergeben? Was würde ich gerne bei ihm verändert sehen? Wo könnte ich beginnen, mich ihm gegenüber anders zu verhalten?

GEBET: Herr, es gibt so viele Dinge, die mich enttäuschen. Da sind so viele Verletzungen. Ich würde vor dem Traualtar das Ja zu meinem Ehepartner nicht mehr mit solch einem Enthusiasmus aussprechen. Damals wußte ich gar nicht, zu was ich Ja sagte. Aber du sagst Ja zu mir, Herr, obwohl du mich durch und durch kennst. Du liebst mich, ohne die Bedingung, daß ich mich ändern muß. Bitte schenk mir diese Liebe für den Menschen an meiner Seite.

MERKE: Wir meinen, wenn der andere sich ändert, könnten wir ihn liebhaben. Gott zeigt uns aber den umgekehrten Weg. Weil er uns lieb hat, sind wir fähig zur Veränderung.

13
Unterordnung

Unterordnung! Zu wieviel Mißbrauch hat dieses Wort in der Geschichte der Christenheit geführt! Frauen wurden tyrannisiert, unterdrückt, geschlagen. Und gelegentlich meinten die Männer wohl noch, im Sinne Christi gehandelt zu haben.
Was oft beim Lesen des Textes aus Eph. 5,22 vergessen wird, ist die angesprochene Person. Denn dort heißt es: »Ihr Frauen ordnet euch unter. » Hier wird die Frau angesprochen, nicht der Mann! Es heißt nicht: Ihr Männer unterdrückt eure Frauen! Die Frau soll freiwillig, d.h. frei und aus eigenem Willen, ihre Stellung einnehmen! Der 1. Petrusbrief 3,5 gibt Auskunft darüber, wie die Frau nach dem Willen Gottes an ihrem Platz ihr Ziel erreicht! Hier wird uns Frauen der Schlüssel gezeigt, der zu den Schatzkammern Gottes führt, in denen alles liegt, was wir brauchen: »die Frauen, die ihre Hoffnung auf Gott setzten...« Hudson Taylor sagt: »Gott ist gewillt, uns alles zu geben, was wir brauchen, wenn wir es nötig haben.« Dies erinnert mich an eine Begebenheit aus meinem eigenen Leben: Ich kam von einem Besuch bei einer Freundin zurück und war begeistert über ihre Spülmaschine. Sie erschien mir als solch große Erleichterung. Als mein Mann einwandte, daß wir dafür kein Geld hätten, sagte ich siegessicher: »Dann werde ich darum beten.« Wir können also bis in unser Glaubensleben hinein unseren Ehepartner unter Druck setzen!
Im 1. Petrusbrief spricht Petrus von den Frauen, die ihre Hoffnung auf Gott setzen. Das enthebt uns nicht etwa davon, unseren Männern unsere Wünsche und Gedanken mitzuteilen, aber wir hören auf, unseren Kopf durchsetzen zu wollen. Als mir dies bewußt wurde, bat ich Gott um Vergebung und sprach mit ihm: »Herr, wenn du meinst, daß ich eine Geschirrspülmaschine

brauche, wirst du es möglich machen. Wenn nicht, will ich Geduld lernen.« Es war kurze Zeit später, als Hans-Joachim die Spülmaschine bestellte.
Gott hat nicht immer meine Gebete auf diese Weise beantwortet. Wenn ich in meiner Ehe die richtige Stellung (Einstellung) zu meinem Partner finde und meine Hoffnung auf Gott setze, gibt mir Gott, was ich brauche. Ich lerne Geduld, die zur Reife führt. Geduld lernen heißt aber nicht: resigniert den Partner anzuschweigen (wir sollen Wünsche aussprechen lernen!), sondern Dinge besprechen – und dann beten. Ganz kurz gesagt: mit dem eigenen Mann reden und dabei die Hilfe vom Herrn erwarten!
Für alle Männer, die diese Zeilen lesen – ein P.S., ebenfalls aus 1. Petrus 3, dieses Mal Vers 7: » Und erweist ihnen (den Frauen) Ehre ... damit eure Gebete nicht gehindert werden!« Wer seine Frau nicht ehrt, kann nicht wirkungsvoll beten! Welche Verantwortung also, der Frau – im eigenen Herzen und vor anderen – den richtigen Platz zu geben!

ZUM NACHDENKEN: Welche Gedanken kommen mir bei dem Wort Unterordnung? Empfinde ich diese Ordnung Gottes als Schutz – oder fühle ich mich dabei als Befehlsempfänger? Traue ich Gott zu, daß er bei dieser Ordnung, wie er sie mir in seinem Wort zeigt, mich nicht zu kurz kommen läßt?

GEBET: Vater im Himmel, es fällt mir schwer zu begreifen, daß Unterordnung etwas Gutes sein soll. Ich fühle mich bei diesem Begriff unterdrückt und in die Ecke gedrängt. Wenn mein Mann immer der Mann wäre, wie ich ihn in deinem Wort beschrieben sehe, könnte ich mich gut in diese Ordnung fügen. Aber er ist so unvollkommen. Da fällt mir ein, daß ich auch sicher nicht in allen Dingen die Frau bin, die er sich wünscht. Gib mir den Mut, meinen Platz einzunehmen.

MERKE: In der Freiwilligkeit des Dienens erlischt das Gefühl, unterdrückt zu sein. Übrigens: Alle Männer, die das Haupt ihrer Frau sein wollen, stehen in höchster Verantwortungsposition. Als Beispiel: Gott forderte zuerst von Adam Rechenschaft, obwohl

Eva die Frucht gepflückt hatte. Wer das Haupt seiner Frau (im Sinne der Bibel) ist, steht täglich und stündlich als Priester (d.h. als Beter und Segnender) für sie vor Gott.

14
Die liebe Schwiegermutter

Dieses Wort löst bei vielen Menschen ein eigenartiges Gefühl aus. Es ist behaftet mit dem Geschmack von etwas Ungutem, von etwas, das man besser vermeiden sollte, von dem Eindruck, daß jemand über einen bestimmen will. Meist sind die Schwiegertöchter stärker als Schwiegersöhne von diesem Konflikt betroffen. Denn hier geht es um einen Mann, den zwei Frauen umwerben. Ich las einmal den treffenden Ausspruch, daß eine Mutter oft im Sohn den Mann sieht, den sie gerne geheiratet hätte. Sie ist es, die ihn stark geprägt hat und ihm die Werte weitergab, die für sie selbst wichtig waren. Der Sohn aber wird das Gegenüber als Frau wählen, das ihn ergänzt, die also manchmal ganz anders als er selbst – oder auch als die eigene Mutter – sein wird. Konflikte sind fast vorprogrammiert, denn die beiden Frauen werden bestimmte Erwartungen aneinander haben.

Es ist interessant, daß Gott in 1. Mose 2,24 den Menschen auffordert – und zwar den Mann –, Vater und Mutter zu verlassen, um an seiner Frau zu hängen. Offensichtlich wird hier dem Mann noch stärker als der Frau gesagt, daß er sich für *eine* Frau entscheiden muß. Diese Entscheidung fällt dem Mann schwer, da er seine Mutter nicht verletzen will. Häufig versucht er, sich aus allem herauszuhalten, was die eigene Frau dann als fehlenden Schutz empfindet. Sie fängt an, die Schwiegermutter zu meiden oder alles Schlechte an ihr zu sehen. Möglicherweise versucht der Mann seine Mutter zu verteidigen. Die eigene Frau fühlt sich allein gelassen, der Mann mißverstanden.

Das erste Gebot mit Verheißung ist das Gebot: »Ehre Vater und Mutter.« Ehren heißt nicht, alles tun, was die Eltern wollen. Aber ihnen Dankbarkeit zeigen und helfen, wenn sie uns wirklich brauchen. Ohne unsere Eltern hätten wir selbst kein Leben. Ohne die Eltern unseres Ehepartners hätten wir unseren Mann nicht. Dieses Wissen sollte uns helfen, ein Ja zu ihnen zu finden. Wie schwer der Stand als Eltern den Jungen gegenüber ist, merken wir meist erst richtig, wenn wir selbst in dieser Situation sind. »Nehmt einander an, wie Christus euch angenommen hat« (Rom.15,7), dies gilt auch für diese Situation. Annehmen heißt den anderen in seinem Sein bejahen, auch, ja gerade dann, wenn er anders denkt als ich.

ZUM NACHDENKEN: Was fällt mir schwer, besonders an meiner Schwiegermutter, anzunehmen? Was könnte ich anders machen, um meiner Schwiegermutter zu zeigen, daß ich sie nicht verletzen will?

GEBET: Herr, je näher mir ein Mensch kommt, um so schwerer fällt es mir, mit ihm richtig umzugehen. Ich habe so viele Erwartungen meiner Schwiegermutter gegenüber. Irgendwie denke ich immer, daß sie sich nicht so verhalten sollte, wie sie es tut. Manchmal finde ich sie zu vereinnahmend, dann wieder so kühl. Ich fühle mich oft unter Druck in ihrer Nähe. Bitte gib du mir die richtige Einstellung zu ihr.

MERKE: Wir meinen alles besser zu machen, wenn wir selbst einmal in solch einer Situation sind. Doch dann entdecken wir, daß der andere völlig unterschiedliche Bedürfnisse hat.

15
Verwandtschaft und Freunde

Wer kennt sie nicht, die lieben Verwandten? Schon als Kind wußten wir, was wir von wem zu erwarten hatten. Da ist die Tante, bei der wir uns besonders wohl fühlten und immer willkommen waren. Und dort gab es den Onkel, der etwas »springen« ließ, wenn wir zu Besuch kamen. In dieser Verwandtschafts-Beziehungskiste sind allerhand liebe und schwierige Menschen eingebunden, die wir recht gut einzuordnen wissen. Dann heirateten wir. Und voller Freude, oder auch Enttäuschung und Entsetzen, entdeckten wir die Verwandtschaft unseres Ehepartners. Wir hörten seine Ausführungen über die einzelnen. Und wir machten uns unsere eigenen Gedanken beim Kennenlernen dieser Menschen. Die Erfahrung war oft gegenteilig. Ebenso erging es uns mit Freunden unseres Partners. Durch die neue Beziehung der Ehe kamen neue Freunde hinzu, alte zogen sich zurück, weil sie sich nicht mehr willkommen fühlten. Dies wird auf beiden Seiten so sein, und es ist normal. Was sich meist schwierig entwickelt, ist, daß man sich als Frau – bedingt durch das Gefühl in der Verwandtschaft bzw. bei Freunden des Mannes abgelehnt zu sein – nun auch innerlich gegen sie stellt. Häufig versucht der Partner seine Verwandtschaft/Freunde zu verteidigen. Dies führt dann wieder zur Verstimmung der Ehefrau, die sich bestätigt sehen will. Wenn wir Menschen, die unserem Ehepartner wichtig sind oder zu seiner Verwandtschaft gehören, ablehnen, wird er sich damit auch ein Stück weit abgelehnt fühlen. Am stärksten wird dies bei den nächsten Angehörigen empfunden. Jeder von uns identifiziert sich mit denen, die am nächsten zu ihm gehören. Wir sollten viel mehr fragen, was unser Ehepartner an den anderen mag, und mit seinen Augen sehen lernen, was ihm wichtig ist. Wir brauchen als Endresultat nicht festzustellen, wer die bessere, klügere, reichere Verwandtschaft hat. Dies wertet unseren Stolz auf, unseren Ehepartner aber ab.

ZUM NACHDENKEN: Wie wünsche ich mir, daß mein Ehepartner meine Verwandten/Freunde behandelt? Bin ich bereit, mit den seinen ebenso umzugehen? Warum fällt es mir schwer, wenn mein Ehepartner jemanden gerne mag (Onkel, Tante), die ich nicht so gut leiden kann?

GEBET: Vater im Himmel, meinen Ehepartner habe ich lieb. Aber einige seiner Verwandten und Freunde liegen mir gar nicht. Ich bin froh, wenn wir nicht auf alle Familienfeste müssen. Von manchen Verwandten fühle ich mich abgelehnt. Und einige kann ich auch nicht leiden. Bitte schenk mir das Ja zu der Verwandtschaft und den Freunden meines Mannes, damit er spürt, daß ich ihn ganz angenommen habe, mit seinem ganzen Hintergrund.

MERKE: Jemanden annehmen heißt, ihm die offene Hand hinhalten, ohne ihn zu zwingen, daß er es erwidern muß.

16
Gute Freunde

Schon in meiner Kindheit wünschte ich mir immer eine gute Freundin. Das war allerdings ein Problem, da ich einen gutaussehenden, netten Bruder hatte. Ich verlor nacheinander meine Freundinnen an ihn. So begann ich daran zu zweifeln, ob es wirkliche Freunde geben würde. Dennoch erinnere ich mich an jene Freundin, mit der ich durch die Zeit der Pubertät ging. Oft kam ich mir von meinen Eltern unverstanden vor, wie auch sie, und wir klagten einander unser Leid. Hinterher fühlte ich mich erleichtert. Etwas, das man aussprechen kann, verliert die Macht über unsere Gedanken. Bei vielen Frauen ist jenes Phänomen zu beobachten, daß sich beim Sprechen Probleme entzerren, daß Dinge klarwerden, die unklar waren, daß man selbst zu Lösungen findet, indem man einen guten Zuhörer hat. Eigentlich kann ich jeder Frau nur wünschen, daß sie solch eine Freundin hat, die mitträgt und mitversteht. Dies kann sich sehr positiv auf die Ehebeziehung auswirken. Vieles ist dann vorbesprochen, was die Frau nicht unreflektiert an den Mann weitergibt. Ich selbst bin dankbar für solch eine seelsorgerliche Freundin, mit der ich manches durchsprechen kann, die mir manchen guten Rat gibt und mir gelegentlich auch schon »den Kopf gewaschen« hat. Allerdings darf die Freundin nicht zum Partnerersatz werden. Weil man sich vom Ehepartner nicht verstanden fühlt, flüchtet man sich zu ihr, um verstanden zu werden. Schürt sie das Mißverständnis oder bemitleidet nur, so treibt dies einen Keil in die Ehebeziehung. Freunde sind besondere Geschenke Gottes. Es sind Menschen, die uns Gutes tun, uns gut wollen, von denen wir uns verstanden fühlen. Meist wird der mehr extravertierte Ehepartner mehr Freunde haben als der zurückgezogene. Der eine mag mehr Ruhe, der andere mehr Leben um sich. Die Lösung hierfür im Alltag zu finden ist nicht einfach. Auf jeden Fall darf die Freundin nicht über dem Ehepartner stehen.

ZUM NACHDENKEN: Welche Menschen empfinde ich als Freunde? Wem könnte ich mich anvertrauen, um Dinge durchzusprechen? Zu wem sollte ich den Kontakt abbrechen, weil es unserer Ehe eher schadet?

GEBET: Herr, es fehlt mir, daß ich niemanden habe, mit dem ich etwas durchsprechen kann. Ich wünsche mir Menschen, die mir einfach einmal zuhören, wenn ich verzagt bin, wenn mir die Arbeit über den Kopf wächst, wenn die Kinder lärmen, wenn ich nicht mehr weiterweiß. Danke, daß du immer Zeit für mich hast. Danke, daß du mich verstehst. Danke, daß ich dich bitten darf, daß du mir eine echte Freundin schenkst.

MERKE: Freundschaft kann man nicht erzwingen, aber man darf sie von Gott erbitten.

17
Distanz und Nähe

Zu jedem Menschen haben wir eine ganz bestimmte Distanz/Nähe, in der wir uns wohl fühlen. Dies ist sogar in Zentimetern zu messen. Von denjenigen, die wir hinwünschen, wo der Pfeffer wächst, trennen uns ein paar Kilometer. Jedoch müssen wir mit vielen von ihnen im täglichen Leben umgehen und können sie nicht meiden. Allerdings bleibt dieser innere Abstand bestehen.

Bei einem unserer Eheseminare bildeten wir zwei Kreise. Im äußeren Kreis standen die Ehemänner, ihnen zugewandt im inneren Kreis, sehr dicht zusammen, die Ehefrauen. Jedes Paar sollte sich nun unterhalten. Dabei waren die Ehefrauen dazu aufgefordert, so weit auf ihre jeweiligen Männer zuzugehen, bis sie sich bei der Unterhaltung wohl fühlten. Die meisten der Frauen gingen sehr nah zu ihrem Mann, manche sogar umarmten ihn, während sie mit ihm sprachen. Dann begaben sich die Männer in die Kreismitte. Viele ließen einen halben bis zu einem Meter Abstand, während sie ihr Gespräch weiterführten. Ihr Kommentar dazu war: »Bei diesem Abstand erfasse ich am besten mein Gegenüber und kann ihn erst richtig wahrnehmen.« Viele Frauen dagegen empfanden diesen Abstand als dermaßen trennend, daß sie ihn als Gesprächshindernis betrachteten. Im täglichen Zusammenleben spielt diese Distanz/Nähe eine große Rolle. Jeder hat sie unterschiedlich in seiner Ursprungsfamilie erlebt. Sie aber hat ihn geprägt. Der eher an Distanz gewöhnte Mensch wird den anderen als vereinnahmend oder bedrängend empfinden. Je näher dieser ihm kommt, weil er aus seiner Ursprungsfamilie an mehr Nähe gewöhnt ist, um so mehr wird der andere sich entfernen, um den von ihm gewohnten Abstand zu halten. Der an Nähe gewöhnte hingegen wird den Partner als kalt, gefühllos, unnahbar, sich ihm entziehend empfinden und deshalb versuchen, diese Distanz zu vermindern. Je mehr er/sie den Abstand verringert, um die vertraute Atmosphäre zu schaffen, um so mehr wird der andere weichen, um die ihm vertraute Distanz zu wahren. Der eher »kühle Typ« suchte ursprünglich die Nähe und Wärme des anderen, weil er sich darin geborgen fühlte. Der eher auf Nähe gepolte Mensch freute sich daran, den anderen beschenken zu dürfen. Nun entdecken beide, daß sie anders sind. Ein eigenartiger Kreislauf beginnt. Eine Veränderungsmöglichkeit liegt manchmal darin, daß der nach Nähesuchende sich in einem solchen Maße zurückzieht, daß der andere nun seinerseits näherkommen muß, weil ihm der Abstand zu groß wird. Je mehr ich den Ehepartner in der früheren Umgebung erlebe, je mehr ich den Umgang seiner Eltern miteinander beobachte, um so mehr werde ich ihn verstehen können. Und ich werde sein Verhalten nicht als gegen mich gerichtet wissen.

ZUM NACHDENKEN: Welche Nähe/Distanz empfinde ich zu meinem Partner? Habe ich ihn wissen lassen, was ich dabei empfinde?

GEBET: Herr, oft wünsche ich mir mehr Nähe und fühle mich so abgelehnt. Manchmal warte ich nur auf ein kleines Zeichen vom anderen, aber er scheint gar keine Bedürfnisse nach einer Umarmung zu haben. Gib, daß ich ihn darin nicht überfordere. Aber schenke, daß ich auch nicht einfach nur still vor mich hinleide, um im anderen Schuldgefühle zu erwecken. Gib mir die richtigen Worte und die richtige Möglichkeit zum Handeln.

MERKE: Je mehr ich den anderen umklammere, um so mehr wird er nach Wegen suchen, um meine Umklammerung loszuwerden.

18
Unbewußte Beeinflußungen

Vor einigen Tagen war ich mit unseren drei Kleinsten einkaufen. Als ich zur Kasse kam, fand sich alles Mögliche zusätzlich im Einkaufswagen, was den Kleinen greifbar gewesen war. Wir brachten es, unter meinen nun sehr wachsamen Augen, zurück. Dies alles beobachtete eine Frau, die mich kopfschüttelnd anschaute und dabei kommentierte: »Meine Güte, wie kann man nur so viele Kinder hintereinander kriegen. Da wird man doch nie fertig! Wie muß es bei Ihnen zu Hause aussehen!«

Eigentlich hatte mich das alles kalt gelassen. Jedenfalls meinte ich es. Doch zu Hause schien die Decke über mir einzufallen. Ich sah das Durcheinander und die schmutzigen Fenster, die klebrigen Kinderhände und die Flecken auf dem Teppich. Meine Unzufriedenheit zeigte sich vor allem darin, daß ich begann, mit den Kindern zu schimpfen. Ich wunderte mich über mich selbst. Was war nur mit mir los? Plötzlich wurde mir bewußt, daß ich mit den Augen der mir fremden Frau meine Wohnung prüfte. Es ist schon seltsam, wie stark wir durch das beeinflußt werden, was wir hören. Gerade bei uns Frauen spielen Gefühle eine große Rolle. Wir übernehmen Dinge gefühlsmäßig, ohne daß sie uns bewußt werden, und wundern uns über unsere Reaktionen. Es geht uns nicht nur mit den Kindern so. Auch unserem Mann gegenüber erwachen, scheinbar grundlos, negative Gedanken. »Soll ich ihm immer die Dumme spielen?« so drückte es dieser Tage eine Frau im Gespräch mit mir aus. »Ich bin schließlich *auch* jemand. Ich hab' *auch* eine Würde. Ich hab' doch *auch* Wünsche! Ich will mich *auch* verwirklichen!«

All diese Sehnsüchte sind in uns Frauen geweckt worden und werden durch die Einflüsse unserer Zeit weiter vorangetrieben. Es ist eigentlich nichts Schlechtes daran: Wir sollen eine Würde haben! Wir sollen »jemand« sein! Wir sollen uns verwirklichen! – Und doch vergessen wir oft das göttliche Geheimnis, das in unserer gefallenen Welt noch gilt: »Gebt, so wird euch gegeben, ein volles, gerütteltes Maß wird man in euren Schoß geben« (Lukas 6,38). Oetinger, ein bekannter Mann des Pietismus, sagte: »Wer glücklich werden will, soll nicht heiraten – glücklich machen, da liegt es«. Je länger wir darauf warten, unsere Wünsche erfüllt zu bekommen, desto leerer gehen wir aus.

ZUM NACHDENKEN: Welche Menschen beeinflussen mein Denken? Sind sie Vorbilder für mich? Was für Bücher und Zeitschriften lese ich? Bauen sie mich auf oder wecken sie nur Erwartungen in mir? Von welchen Büchern oder »Freunden« sollte ich mich besser trennen?

GEBET: Herr, in deiner Kraft gehe ich den ersten Schritt. Weil du, Herr, mir vergeben hast, will ich vergeben. Weil du mich liebst, will ich lieben. Weil du mich angenommen hast, will ich den anderen annehmen.

MERKE: Unser Denken muß in einem beständigen Prozeß der Reinigung stehen.

19
Ich komme zu kurz

Fast täglich wird uns durch die Medien, versteckt oder offen, vermittelt: »Frauen, ihr werdet unterdrückt! Wehrt euch! Setzt euch durch!« Oder auch: »Kinder machen euch unfrei. Werdet nicht zu Gebärmaschinen. Ihr verdummt am Herd. Wer Hausfrau ist, geht am Leben vorbei. Ihr habt ein Recht auf Zärtlichkeit«.

Die Folgen sehen wir häufig bei unseren Beratungen. War es bis vor einigen Jahren der Mann, der versuchte, seine Frau loszuwerden, so hat sich der Spieß umgedreht. Viele Frauen können im normalen Familienalltag keinen Sinn mehr sehen. Auch die Ehe erscheint zu einengend. Für viele dieser Frauen sieht die große Freiheit so aus, daß sie Geld verdienen dürfen und endlich das lästige, wenn auch geliebte Kind loswerden. Eigenartig, welchen Einflüsterungen wir Frauen erliegen! Wir lassen uns Moderichtungen vorschreiben und gehorchen, nur um »in« zu sein. Uns wird eingeredet, daß wir ein Recht auf »unseren Bauch« haben, und wir gehen bereitwillig zur »Schlachtbank«, weil ein Kind unsere Planungen durcheinander bringen könnte. Merken wir nicht, mit welchen Karten hier gespielt wird? Vielleicht bezeichnen Sie mich als altmodisch, aber ich glaube, uns Frauen fehlt etwas ganz anderes! Uns fehlt der Mut, die wunderbaren Gaben, die Gott in uns gelegt hat, zu verwirklichen: Wirklichkeit werden zu lassen, was in uns schlummert – dadurch daß wir als Frau geboren wurden.

Gehen wir doch einmal auf Entdeckungsreise: Uns Frauen ist die Gabe der *Intuition* gegeben. Das ist die Fähigkeit, Eindrükke gefühlsmäßig wahrzunehmen, ohne Worte; sozusagen zu wissen, was zwischen den Zeilen steht. Diese Gabe macht uns fähig, die innere Not des anderen zu erfassen, ohne daß er viel

darüber reden muß. Das heißt: Die Arme ausbreiten und trösten können. Was uns Frauen in besonderem Maße gegeben ist, ist die Gabe, *Geborgenheit zu schenken.* Dies befähigt uns, in einem Heim eine *Atmosphäre zu schaffen,* in der man sich wohl fühlt. Die Frau besitzt die Gabe, aus einem Haus ein Zuhause zu machen. Welche Gaben schlummern in uns Frauen! Wir haben die Möglichkeit, aus »Robotern« Menschen zu machen, d.h. *im Menschen sein tiefstes Menschsein zu wecken.*
Die Frau im Beruf, die Frau zu Hause: Wo sie wirkt, sollte man ihre Spuren verfolgen können, *nämlich einen Hauch Wärme.* Jede Frau trägt in sich, manchmal versteckt, die Gabe der Mütterlichkeit. Im Umgang mit anderen Männern, denen sie begegnet, sollte ihre Gabe *nicht* darin liegen, sich nur auf ihr Äußeres zu besinnen, so wie es uns in den Zeitschriften vermittelt wird. Ihre Gabe und Aufgabe sollte es vielmehr sein, durch ihr *Leben,* durch ihr *Handeln* auf das *Wesentliche* hinzuweisen: Daß wir Verantwortung für die Zukunft tragen, daß unser Leben einmal ein Ende hat; daß das Streben nach einer besseren Position nicht auf Kosten eines anderen sein sollte; daß mehr Geld nicht mehr Glück bedeutet; daß jeder von uns vor Gott Verantwortung trägt gegenüber dem Menschen an seiner Seite. Die Frau als Mutter, die so oft belächelt wird, ist eigentlich die Hauptfigur jedes Landes und jeder Kultur. Lassen wir uns ruhig belächeln! Aber tragen wir unseren Kopf hoch, nicht aus Stolz, sondern im Bewußtsein, daß Gott uns würdig gefunden hat, die Zukunft in unserem Schoß zu tragen! In uns wachsen alle zukünftigen Arbeiter, Chefs. Auf unserem Schoß sitzen die Politiker von morgen. Wir Frauen bestimmen mit, wie die Welt morgen aussehen wird – darüber... wie man miteinander umgehen wird. Was wir unsere Kinder an Gottesfurcht und Menschlichkeit lehren, wird morgen gelebt werden.

ZUM NACHDENKEN: In welchen Lebensbereichen fühle ich mich benachteiligt und warum? Wer gab/gibt mir dieses Gefühl? Welche Gaben hat Gott mir gegeben?

GEBET: Herr, es ist nicht leicht, meine Gefühle in Einklang mit dem zu bringen, was du willst. So vieles habe ich übernommen, weil jeder es sagt. Es ist oft leichter, mit dem Strom der allgemeinen Meinung zu schwimmen. Ich erschrecke darüber, wie vertraut mir ist, was andere für richtig finden. Gedankenlos habe ich vieles übernommen. Bitte gib mir ein neues Bewußtsein für mein Hören. Gib mir den Durchblick, wo ich verführt werde.

MERKE: Wenn ich mich nach Gottes Geboten ausrichte, erfahre ich die Freiheit, gegen den Strom zu schwimmen.

20
Wünsche?!

Sie begleiten uns durchs Leben, solange wir denken können. Sie bestimmen unsere Gedanken. Sie beflügeln uns oder legen uns lahm. »Wenn Sie noch unverheiratet wären und könnten sich jetzt einen Wunsch erfüllen, welcher wäre es?« Dies war eine Frage auf einem Seminar. Ich erinnere mich noch gut an die Antwort einer Frau, die nicht ganz schlank war: »Ich würde in die nächste Eisdiele eilen, mir eine Riesenportion Eis bestellen, mit Sahne natürlich, und sie ohne Schuldgefühle genüßlich essen.«

Ich dachte darüber nach, wie es sich in der Ehe oft einbürgert, daß man verzichtet. Verzicht ist eine gute Sache, weil Opfer uns befähigen, zu Persönlichkeiten zu werden. Doch auch erfüllte Wünsche können Kräfte freisetzen. Sie können bewirken, daß manche Träume aus der Kindheit und andere Vorstellungen ihre Macht verlieren. Was in unseren Möglichkeiten steht, sollten wir tun, damit solche »alten« Wünsche Wirklichkeit werden. Denn auf diese Weise verliert das Denken, daß wir mit der Ehe etwas verloren haben, was sehr wichtig gewesen wäre, um glücklich zu sein, seine Kraft.

Wir waren schon viele Jahre verheiratet. Ein Lastwagenfahrer hielt vor der Tür, um nach dem Weg zu fragen. Mit einem Seufzer schaute mein Mann ihm nach. »Was ist los mit dir?« fragte ich ihn. »Eigentlich nichts«, antwortete er. Doch ich bohrte ein wenig weiter. »Es ist unbedeutend«, ließ er mich wissen. »Aber dieser Laster weckte in mir den Traum aus meiner Kindheit, einmal einen solchen Wagen fahren zu können.« In der nächsten Zeit bekamen wir viel mehr von der Lohnsteuer zurück, als wir erwartet hatten. »Du machst jetzt den Lastwagenführerschein«, ermunterte ich ihn. »Aber warum?« wollte er wissen,

»ich werde ihn vermutlich nie brauchen.« Doch ich blieb dabei: »Es ist nicht wichtig, ob du ihn brauchst, sondern daß du dich freuen darfst, wenn dieser Wunsch in Erfüllung geht.« Wir hatten das Geld eigentlich nicht übrig, doch setzten wir es für solch einen »überflüssigen« Wunsch ein. Häufig fuhr ich sogar mit, um meinen Mann hinter dem Steuer sitzen zu sehen. Was wir davon hatten? Ich hatte einen Mann, der sich darüber freute, daß er einen alten Traum verwirklichen konnte und daß ich es ihm gönnte. Und ich hatte die Riesenfreude, ihm eine Freude gemacht zu haben. Es geht hier nicht um notwendig oder überflüssig. Es geht ganz einfach darum, daß wir hellhörig werden für die Kindheitswünsche des anderen, und nicht nur für sie.
Natürlich können nicht alle erfüllt werden. Manche sind einem auch nicht mehr so wichtig, obwohl man sich noch daran erinnert. Aber wenn mein Ehepartner Wünsche hat, die erfüllbar sind, sollten wir ihm helfen, sie zu verwirklichen, und sie ihm ohne Vorwurf gönnen – sogar wenn sie einem selbst oft fremd erscheinen. Es war Monate später, als mein Mann es in die Wege leitete, unseren Kindern ein Pony zu kaufen. Eigentlich war das nicht sein Wunsch, weil er wußte, was da an Arbeit auf ihn zukam. Tief drinnen weiß ich, daß er es nicht nur für unsere Kinder, sondern auch für mich tat. Dies war ein alter Wunsch von mir.
Nicht jeder wird jedoch die Erfahrung machen, daß er empfängt, wenn er gibt. Es ist eigenartig, daß, wenn wir auf das Empfangen schon warten, während wir geben, wir meist enttäuscht werden. Aber wer fröhlich gibt, wird die Erfahrung machen, daß er selbst als der Beschenkte zurückbleibt, sogar wenn nichts für ihn selbst »herausspringt.«

ZUM NACHDENKEN: An welche Träume aus meiner Kindheit denke ich gelegentlich mit Wehmut zurück? Warum habe ich mit meinem Ehepartner noch nicht darüber gesprochen? Um welche Wünsche meines Mannes weiß ich? Was hielt mich bislang davon ab, auf diese Wünsche einzugehen?

GEBET: Vater im Himmel, ich habe viele Wünsche. Manche scheinen mir viel größer zu sein, als nur eine Riesenportion Eis zu essen. Aber vielleicht fängt es so an, an solch einem scheinbar unbedeutenden Ding, daß ich auf meinen Partner hören lerne. Daß ich nicht nur verstanden werden will, sondern ihn verstehen lerne. Daß ich in seinen Äußerungen manchmal ohne Vorwurf das Kind sehe, das sich danach sehnt, noch einmal ein wenig Kind sein zu dürfen. Hilf mir, auf ihn einzugehen.

MERKE: Nachweislich wertvoll oder wertlos, das ist hier nicht die Frage. Es zählt allein: Ist es meinem Partner wertvoll?

21
Wenn »die« wüßten!

Vor mir sitzt ein Ehepaar. Schon viele Jahre sind sie verheiratet. Die Frau klagt: »Zuerst wollte er ja nicht mitkommen, aber jetzt ist er doch da. Ach, wissen Sie, alle im Ort sagen mir: 'Was haben Sie doch für einen netten Mann!' – Wenn die aber wüßten!« – »Wenn sie was wüßten?« will ich wissen. »Nun eben, daß er in Wirklichkeit gar nicht so ist.«
Der Mann sitzt still dabei. Er sagt nichts zu dem Ganzen. Als die Frau später für einen Moment hinausgeht, fängt er zu sprechen an: »Ich habe schon oft probiert, es ihr recht zu machen, aber sie merkt es nicht einmal. Eigentlich habe ich resigniert. Ich versuche, nicht mehr richtig zuzuhören, damit ich nicht so tief getroffen werde. Man kann es ihr sowieso nie Recht machen.«
Wie sieht ein solcher Alltag aus? Der Mann kommt nach Hause. Man ißt zusammen. Der Mann schweigt, und die Frau berichtet die Tagesereignisse, sofort, emotional aufgeladen. Sie freut sich, daß sie sich mitteilen kann. Er hat inzwischen die Zeitung aufgeschlagen und brummt gelegentlich hinter der Zeitung ein zustimmendes »hm« hervor, um zu signalisieren, daß er die Leitung zu ihr noch nicht abgestellt hat. Sie fühlt sich nicht angenommen.
»Wenn die wüßten!« ...Wissen die anderen auch, wie ich manchmal sein kann? Wie ungerecht, wie launisch, wie unzufrieden? Zeige ich mich nicht auch von meiner guten Seite? Und die gute Seite haben wir alle! Wir kennen sehr gut unsere Stärken und freuen uns, wenn andere sie entdecken. Wenn Sie einen Aufsatz über das Schöne in der Ehe zu schreiben hätten, was würde Ihnen zuerst einfallen? Gar nichts? Warum? Die menschliche Tendenz, das Negative überzubewerten, ist überaus groß. Schlagen Sie nur die Zeitung auf! Sie ist voll von Ungerechtigkeit. Das Gute erscheint meist nur als Randnotiz, so

der Bericht einer Mutter Theresa oder ähnliches. Im Vordergrund steht das Streben nach Macht.
Die Psychologen sagen, daß eine negative Aussage von mindestens vier positiven Aussagen ausgeglichen werden muß. Wie schwer ist es uns oft, je länger wir uns kennen, die guten Seiten des Ehepartners zu sehen oder, noch einen Schritt weiter, sie auszusprechen. Und sucht unser Partner vielleicht deshalb soviel Anerkennung von außen, sei es im Beruf oder in seinem Einsatz für andere Menschen, weil er sie bei uns nicht bekommt? Vor einiger Zeit hörte ich eine ausgezeichnete Bibelarbeit von einem Menschen, den ich recht gut kenne. Ich dachte in meinem Herzen: »Hoffentlich hält er sich selbst daran!« Da war es, als würde Gott einen Spiegel vor mich hinhalten und mir sagen: »Mein liebes Kind, sieh zuerst den Balken in deinem Auge, bevor du den Splitter aus deines Bruders Auge ziehen willst.« Ich äußerte diesem Menschen gegenüber kein Wort über das Negative, sondern sagte nur, wie gut ich seine Bibelarbeit gefunden hätte. Gott hatte dadurch zu mir geredet. »Laßt uns aber wahrhaftig sein in der Liebe und wachsen in allen Stücken zu dem hin, der das Haupt ist, Christus« (Epheser 4,15).

ZUM NACHDENKEN: Welchen Gedanken gebe ich am meisten Raum in mir? Sind sie hauptsächlich negativ, bestimmt von den Fehlern anderer? Wie hätte ich gerne, daß mein Ehepartner über mich denkt und spricht? Womit könnte ich heute meinem Mann eine Freude bereiten?

GEBET: Es ist so schwer, das Gute zu sehen, Herr, wenn sich das Böse aufdrängt, und es ist noch viel schwerer, mich zu verändern. Ich meine es ja eigentlich gut mit dem anderen. Aber er erkennt es nicht. Ich merke, Herr, wie ich meinen Partner gern verändern würde. Wie ich ihn gern haben würde. Aber vielleicht will er mich ebenfalls anders haben. Und vielleicht willst du mich anders haben?!

MERKE: Veränderung sollte immer bei dem geschehen, der merkt, daß in seiner Partnerschaft etwas verändert werden soll.

22
Der Traum vom Glück

Vor Weihnachten machte ich mich auf den Weg, um einer traurig aussehenden Frau eine kleine Freude zu bereiten. Ich klopfte an, die Frau, die öffnete, wirkte sehr unruhig und hatte Tränen in den Augen. Nach einem kurzen Gespräch berichtete sie mir, daß sie mit ihrem Mann gerade die Einzelheiten der Scheidung besprochen habe. Schließlich kam der Mann dazu. Jeder fing an, dem anderen seine enttäuschten Erwartungen vorzuhalten. Es schien, als hätten sie mich vergessen. Selten spürte ich eine solche Hilflosigkeit, in das Gespräch einzugreifen – und man hatte mich auch nicht darum gebeten.

Hier ging es nur um Fakten: Die Frau wollte nicht mehr. In ihren Augen hatte der Mann versagt. Er war zu wenig zärtlich. Er zeigte zu wenig Gefühle. Alle Menschen schienen ihm wichtiger zu sein als sie. Und sie war so großzügig gewesen und hatte ihm eine Chance gegeben. Aber er hatte diese nicht wahrgenommen. Die Frist war nun abgelaufen, das Urteil besiegelt. Ich bot Hilfe an, aber sie wurde abgewiesen. Ich kämpfte mit den Tränen, als ich schließlich die Tür hinter mir schloß. Hier wurde das Todesurteil über einer Ehe beschlossen, und meine Worte konnten den Tod nicht aufhalten. Im Herzen schrie ich zu Gott, der alle Menschen kennt und da noch eingreifen kann, wo menschlich gesehen nichts mehr zu machen ist.

Bei wie vielen Menschen mag der Alltag so aussehen! Da sind Enttäuschung, Depression, Unzufriedenheit, tiefe Einsamkeit im Ledigsein, Isolation in der Ehe, Entfremdung zu den Kindern. Und in all dem gibt es in jedem Menschen den unstillbar großen Traum nach dem Glück, nach dem Partner, in dessen Herzen wir den ersten Platz hätten. Für den nur wir wirklich eine Rolle spielten, der uns völlig verstehen würde. Dorty Duke, die Frau des Astronauten Duke, berichtete von dieser »Frauensehnsucht« in ihrem Leben. Sie schreibt, wie Bitterkeit und Groll immer größer in ihr wurden. Alle Enttäuschungen und Verletzungen standen vor ihrem inneren Auge. Der erste Schritt aus diesem Chaos heraus war, daß sie Gott bat, ihrem Mann ganz vergeben zu können. Und Gott schenkte ihr die Kraft, ihren Mann so zu lieben, wie er war, und nicht so, wie sie sich ihn gewünscht hatte. Sie lernte es, Jesus an die erste Stelle zu setzen.

Wirkliche Liebe beginnt dort, wo keine Gefühle sind und keine erwidert werden. Liebe heißt *dennoch*. Vor kurzem haben wir Post von einem Ehepaar bekommen, das in den größten Schwierigkeiten gewesen war. Menschlich gesprochen existierten an Gefühlen nur noch Haß und Verachtung füreinander. Dennoch wirkte Gott bei ihnen Neues. Mit dem Einverständnis des Paares gebe ich einiges aus ihrem Brief weiter:

»Wenn ich mich an die Zeit vor einem Jahr erinnere, kann ich den Herrn nur preisen, vieles in unserer Ehe und damit in unserer Familie ist besser geworden. Ängste scheinen in mancherlei Hinsicht beginnendem Vertrauen gewichen zu sein. All dies bewirkt bei mir ein Aufatmen und Aufleben, so daß schöpferische Kräfte frei werden, die ich vorher einsetzen mußte, um überhaupt zu überleben. Ich übe mich darin, meinem Mann Lob und Anerkennung zukommen zu lassen... Ich habe viel Grund zum Danken, und das soll auch Ihnen eine Ermutigung sein, bei ähnlich harten Fällen wie uns weiterzumachen.«

Ich weiß nicht, wie es Ihnen gerade ergeht, aber ich möchte Ihnen Mut machen, an Ihrer Situation nicht zu verzweifeln.

ZUM NACHDENKEN: Was macht mir am Verhalten des anderen ständig zu schaffen? Welche Worte kränken mich? Welche alten Verletzungen kann ich nicht vergessen? Wo bin ich mit mir selbst unzufrieden?

GEBET: Meine Ehe hatte ich mir eigentlich anders vorgestellt, Herr! Ich bin sehr enttäuscht, wie alles geworden ist. Eigentlich wollte ich glücklich werden, aber ich bin viel öfter unglücklich. Es ist anstrengend, verheiratet zu sein. Lieber wollte ich weglaufen, als an unserer Ehe zu arbeiten. Aber wenn du meinst, daß dies hier mein Platz ist, will ich dir zutrauen, daß du mich glücklich machen kannst – auch wenn es ausweglos aussieht. Gib mir Ideen, Einfühlungsvermögen und den immer neuen Aufblick zu dir!

An alle Ehemänner: Wer seine Frau liebt, tut sich selbst etwas Gutes (Eph. 5,28). Denn wer seiner Frau emotional zeigen und sagen lernt, daß er sie mag, wird auf Dauer wie ein Fürst behandelt werden. Doch Vorsicht: Dies muß eine Langzeittherapie sein.

MERKE: Liebe beginnt dort, wo keine Gefühle mehr sind! Liebe heißt: Dennoch.

23
Liebe auf Befehl?

»Das ist mein Gebot, daß ihr euch untereinander liebt, wie ich euch liebe« (Joh. 15,12). Einige Verse weiter heißt es: »Das gebiete ich, daß ihr euch untereinander liebt!« (V.17).
Liebe auf Befehl? Einfach unvorstellbar! Wie kann ich meinen Ehemann lieben, wenn er mich täglich verletzt, mich nicht ernst nimmt, mich nicht richtig annimmt?! Wie soll Liebe entstehen, wenn er mir nur im Bett zeigt, daß er allenfalls meinen Körper begehrt?! Ich soll ihn lieben? Unmöglich! Da müßte sich schon Gewaltiges ändern – und ob das Gefühl »Liebe« noch zu erwecken wäre? Sehr fraglich. – Hätte ich doch den Peter früher kennengelernt! Ja, da wäre etwas zu machen gewesen. Er ist fürsorglich, zärtlich, geht auf andere ein, nimmt einen ernst. Aber mein Mann...?
»Das gebiete ich euch, daß ihr euch untereinander liebt!« Dieser Satz stammt aus dem Munde Jesu. Er spricht eine Wahrheit aus, die in unserem »christlichen« Abendland verlorengegangen ist, nämlich: Liebe ist Arbeit! Liebe ist anstrengend! Liebe fordert den ganzen Menschen! Liebe heißt nicht, »Schmetterlingsgefühle in der Magengegend« zu spüren, wie es eine verheiratete Frau ausdrückte, die ein Abenteuer außerhalb der Ehe zu rechtfertigen suchte. Liebe heißt: aktiv werden ...auf den anderen zugehen ...den ersten Schritt zur Vergebung tun ...die Verbitterung am Kreuz abgeben ...nie aufhören zu hoffen ...die guten Seiten des anderen sehen und aussprechen ...nicht müde werden, ihm (ihr) Wünsche zu erfüllen. Liebe heißt: niemals farblos werden.
Wer das Gebot Jesu ernst nimmt, muß erfinderisch werden. Er (sie) wird verstehen, aus dem Alltag ein Fest zu machen. Sie muß aufmerksam werden, den Knopf am Hemd annähen, ihm ein Briefchen mit einem mutmachenden Wort in die Tasche

stecken, wenn er einen schweren Tag vor sich hat. Liebe ist nicht »klebrig«! Sie entläßt den anderen in die Freiheit und befiehlt ihn den Händen Jesu an. Sie kommt ihm liebend entgegen, ohne ihn zu vereinnahmen. Sie respektiert die Grenze, die der andere sucht, um sich entfalten zu können, und sie arbeitet an der eigenen Entfaltung zur Ehre Gottes, der so viel in jeden von uns gelegt hat.

ZUM NACHDENKEN: Wessen Zuneigung würde mir am meisten bedeuten? Warum ist sie mir wichtig? Was hindert mich daran, dem anderen meine Zuneigung zu schenken?

GEBET: Das schaffe ich wirklich nicht, dieses Lieben, das du, Herr, in deinem Wort forderst. Meine eigenen negativen Gefühle blockieren mich. Ich weiß nicht einmal, ob ich es schaffe, dies zu wollen. Da fällt mir ein, daß du sagst, daß du Wollen und Vollbringen in uns wirken kannst (Phil.2,13). Und deshalb wage ich es, weil du es willst.

MERKE: Wenn Jesus uns gebietet zu lieben, ist dies der beste Weg, um andere – und sich selbst – zur Freude zu führen. Wenn Jesus Liebe gebietet, dürfen wir sie von ihm erbitten.

24
Weglaufen? Wohin?

Es gibt Tage, an denen wir schon morgens bedrückt aufstehen. Oft setzt sich diese Kette der Bedrückung den ganzen Tag fort. Die Kleinen schreien bei jeder Gelegenheit, und die Großen laufen mit einem vorwurfsvollen Gesicht herum. Die Wäsche wächst zu Bergen, und alles scheint schiefzugehen. Diese Schwankungen der Gefühle empfinde ich besonders stark in der Schwangerschaft, wie ich es in meinem Buch »Du in mir« niedergeschrieben habe. Auch der Partner kann seine Launen haben. Während wir selbst uns danach sehnen, in solchen Momenten trotzdem angenommen zu sein, schaffen wir es weit weniger, mit seinen Launen umzugehen, und nehmen sie viel zu ernst. »Er wird leicht ungemütlich, hat keine Nerven für die Kinder, ist launisch«, betitelt manche Frau ihren Mann. Sie empfindet ihre eigene schlechte Laune als Antwort auf das Verhalten ihres Mannes. Eigentlich sind die Fehler oder Unfertigkeiten unseres Partners immer Chancen zu unserer eigenen Reife. Aber zurück zu uns selbst. Spannungen können wetterbedingt oder durch Überforderung hervorgerufen sein. Bei der Frau werden Stimmungsschwankungen jedoch meist zyklusmäßig erlebt. Sie steht in einem ständigen Prozeß verschiedener Hormone, die beim Zyklus zur Wirkung kommen. Dadurch ist sie stimmungsmäßig an keinem Tag die gleiche. Viele Frauen berichten, daß sie sich um die Zyklusmitte, meist um die Zeit des Eisprungs, eher beschwingt und leicht fühlen, während sie sich gegen Zyklusende häufig in einer Art »Die Decke fällt auf den Kopf«-Stimmung befinden. In dieser Zeit hat die Frau häufig das Gefühl, davonlaufen zu müssen...

Gewiß kennen auch Sie dieses Gefühl: Ich kann nicht mehr, es ist zuviel. Sie überlegen sich, wie Sie ausreißen könnten, und merken plötzlich, daß es eigentlich keinen Ort gibt, den Sie anstreben könnten, um wirklich glücklich zu sein. Am Ende eines solchen Tages schrieb ich in mein Tagebuch: »Weglaufen, wohin? Ich kann mir selbst nicht entfliehen. Und doch ist mir die Last zu groß.« Während ich dies noch niederschrieb, war es mir, als würde ich ausgebreitete Arme vor mir sehen, und mir wurde bewußt: Ich darf weglaufen. Einer wartet auf mich, um mir all die Geborgenheit zu schenken, die ich brauche, um zu überleben, – um all die Sehnsucht in mir zu stillen, die kein Mensch ausfüllen könnte. Ich begann zu beten: »Herr, ich laufe in deine offenen Arme, die auf mich warten, die mich auffangen und heilen.« Wie gut, daß Gott unsere Launen kennt und uns nicht zurechtweist, sondern uns auffängt, mitsamt unseren Launen. (Ein paar praktische Ratschläge bei Spannungen: Falls möglich, nehmen Sie Ihren Mantel und gehen Sie ins Freie. Man sagt: Etwas »unter die Füße bekommen« – und genau dies geschieht beim Laufen. Beim Gehen wird Spannung in Bewegung übertragen. Außerdem gibt uns der Blick in die Weite einen anderen Horizont als die vier Wände der Wohnung. Mein Mann kaufte vor längerer Zeit ein Trimmrad. Wenn ich unter Spannung stehe, hilft es mir oft, ein paar Runden zu »strampeln«.)

ZUM NACHDENKEN: In welcher Zeit meines Zyklus kann ich mich selbst am wenigsten leiden? Wie könnte ich mir in dieser Zeit das Leben etwas erleichtern? Welche Aussagen bringen mich in negative Stimmung? Wie könnte ich in Zukunft damit umgehen?

GEBET: Herr, manchmal bin ich mir selbst die größte Last. Mir selbst kann ich aber am wenigsten entfliehen. Danke, daß du mich auffängst, wenn ich nicht mehr kann. Bei dir bin ich angenommen, selbst wenn ich schlechte Laune habe. Bitte hilf mir, mit mir selbst richtig umgehen zu lernen.

MERKE: Launen sind ein Signal dafür, daß etwas nicht in Ordnung ist. Wir sollen darüber nachdenken und versuchen es zu ordnen.

25 Mein Mann ist fremdgegangen

Das Telefon klingelt. »Ist dort Heil?« vergewissert sich die Frau am anderen Ende. Ich bejahe es. Da bricht es aus der Frau heraus: »Er ist fremdgegangen! Mein Mann ist fremdgegangen. Er hat eine Freundin«. Den wenigen Sätzen folgt ein Strom von Tränen und Schluchzen. Schweigend leide ich mit dieser Frau. Es ist eine Geschichte, die ich in Variationen schon oft gehört habe. Und ich weiß, wieviel gebrochene Herzen dabei zurückbleiben. In der Regel sind Frauen betroffen, die ihren Mann sehr lieben, die treu Haushalt und Kinder versorgen. Oft sind sie in der Doppelbelastung Beruf und Haushalt. Sie wollen mithelfen, daß sie finanziell besser durchkommen. Sie sparen, wo sie können. Und dies alles auch um des Mannes willen, den sie lieben. Dieser Mann, für den sie sich letztlich so einsetzen, geht fremd. Die Erschütterung darüber wirkt ungemein zerstörend für die Gefühle der Frau. Sie hat das Empfinden, daß alles, was sie eingesetzt hatte, umsonst war und daß dieser Mann ihre Opfer nicht wert war.

Gerade die sexuelle Untreue weckt in der Frau tiefste Abneigung. Sie spürt dies körperlich und seelisch als Auseinanderbrechen ihrer Eheeinheit. Die Frau am anderen Ende der Leitung hat sich inzwischen wieder etwas beruhigt. Ich frage sie: »Ab wann hat sich Ihre Beziehung auseinanderentwickelt?« Wieder reagiert sie mit einem Strom Tränen: »Das ist es ja gerade. Wir hatten keine wirklichen Auseinandersetzungen. Deshalb ist es so schrecklich für mich, als ich diesen Liebesbrief an eine andere Frau in seiner Jacke fand.« Wir sprechen weiter miteinander. Im Lauf ihrer Ehe – sie waren inzwischen acht Jahre verheiratet – hatten sie begonnen, ein Haus zu bauen. Sie versuchten alles, was möglich war, selbst zu machen. Es blieb kaum Zeit für das Gespräch. Oft waren

beide zu erschöpft, um noch vernünftig miteinander zu reden. Den Urlaub hatten sie gestrichen, weil das Geld für das Haus dringender benötigt wurde. Und abends waren die Kinder zu versorgen. »Wir sind uns wirklich fremd geworden. Aber wir haben das doch für unsere Kinder getan. Und jetzt, wo wir wieder mehr Zeit füreinander hätten, geschieht so etwas!«
Die Geschichte dieser Frau ist leider kein Einzelfall. Man arbeitet miteinander, füreinander, und doch aneinander vorbei. Denn die Zeit, um sich gefühlsmäßig einander mitzuteilen, bleibt dabei auf der Strecke. Auch die körperliche Begegnung miteinander wird nur als zusätzliche Last empfunden. Überhaupt spielt sich im körperlichen Bereich oft das ab, was im Alltag miteinander erlebt wird. Deshalb müssen wir wachsam bleiben, was das Miteinander angeht. Wir müssen Hörende werden, damit uns das Wichtigste nicht verlorengeht. Und für unsere Kinder ist eine Mietwohnung mit einem heilen Elternpaar wichtiger als das Leben in einer Villa.

ZUM NACHDENKEN: Wieviel weiß ich von meinem Ehepartner? Kenne ich seine tiefsten Wünsche? Was weiß ich von seinen Befürchtungen? Wieviel Zeit nehmen wir uns füreinander, um Schönes zu unternehmen? Wann habe ich das letzte Mal meinen Partner mit einem Geschenk überrascht – ohne bestimmten Anlaß? Womit könnte ich ihm heute eine Freude bereiten?

GEBET: Herr, es ist lange her, seit ich mir Gedanken darüber machte, womit ich meinen Mann beschenken könnte. Aber oft habe ich darauf gewartet, daß *er* mich beschenkt und *mir* eine Anerkennung zeigt. Die viele Arbeit hält uns so sehr in Atem, daß wir fast nicht mehr fähig sind, uns einander Gutes zu tun. Und so leben wir oft aneinander vorbei. Jetzt ist mir wieder bewußt geworden, in welche Gefahr wir uns dabei bringen. Halte bitte in meinem Herzen fest, was ich jetzt erkannt habe. Und erinnere mich daran, wenn ich nachlässig werde, mich um meinen Mann zu bemühen.

MERKE: Wenn ich aufhöre, mich um den anderen zu bemühen, werden wir uns fremd.

26
Die Not der unbegehrten Frau

»Und wenn es nun umgekehrt ist?« Die junge Frau sah mich fragend an. Sie war zu mir gekommen, um eine Frage zu besprechen, die ihr sehr auf dem Herzen lag. »Was umgekehrt ist?« wollte ich wissen. »Nun, wenn ich etwas von ihm will, und er fühlt sich dadurch bedrängt«, antwortete sie mir. »Schauen sie, alle Welt spricht davon, daß der Mann *das eben braucht*. In unserer Ehe brauche aber anscheinend ich es. Ich fühle mich so unnormal und so (sie hielt einen Moment inne), so unbegehrt. Schon oft habe ich Gott darum gebeten, mir dieses körperliche Verlangen wegzunehmen. Aber es klappt nicht. Wenn es nach meinem Mann ginge, würden wir uns vielleicht nur einmal in fünf Wochen körperlich begegnen. Aber das ist mir einfach zu wenig. Wenn ich es ihm sage, fühlt er sich bedrängt. Schließlich kommen wir doch zusammen. Aber das ist unbefriedigend für mich, denn ich habe es zuvor ja eingeklagt. Oft gerate ich in Gedanken an andere Männer in Versuchung. Und das will ich nicht. Denn eigentlich liebe ich meinen Mann.«

Bei unseren Seminaren sprechen wir oft über die Andersartigkeit von Mann und Frau im Bereich der Sexualität. Meistens sucht die Frau mehr Zärtlichkeit und Geborgenheit als die letzte körperliche Vereinigung. Für den Mann ist aber gerade das Zusammenkommen wichtig. Wir regen an, daß beide lernen aufeinander einzugehen, damit das Verlangen von jedem gestillt wird. Was tun, wenn es umgekehrt ist? Oft hat die Frau Schuldgefühle, wenn sie die körperliche Vereinigung häufiger will als der Mann. Warum eigentlich? Sexualität ist von Gott gewollt, sonst hätte er uns nicht so erschaffen. Er schuf die körperliche Sehnsucht, damit sie in der Ehe Erfüllung fände, der Last und Mühe des Alltags zum Trotz. Mann und Frau sind einander zur

Ergänzung gegeben. Paulus schreibt: »Der Mann ist seines Leibes nicht mächtig, sondern die Frau. Ebenso ist die Frau ihres Leibes nicht mächtig, sondern der Mann. So sind sie nun nicht mehr zwei, sondern *ein Leib.«* Die Aussage dieses Textes läßt keine Fragen offen: Unser Leib gehört ab der Hochzeit unserem Ehepartner in der gleichen Weise wie uns selbst. Paulus erwähnt dabei interessanterweise Frau und Mann gleichzeitig. Nirgends steht, wer das Sagen über die körperliche Vereinigung hat. Er – gänz – ung, d.h., einer darf den anderen da ganz machen, wo es ihm fehlt. Im 1. Buch Mose (Kap.2,24) heißt es: »Darum wird ein Mann seinen Vater und seine Mutter verlassen und seinem Weibe anhangen, und sie werden sein ein Fleisch.«
Es gibt ein schönes, geschnitztes afrikanisches Symbol zu dieser Aussage. Es sind zwei Köpfe, die durch drei Glieder einer Kette miteinander verbunden sind. Dieses gesamte Kunstwerk ist aus einem Stück Holz angefertigt. Die Schnitzerei brauchte weder Leim noch Nagel. Der Kopf an jedem Ende der Schnitzerei sagt etwas über unsere Originalität und Individualität. Diese sollen in der Ehe erhalten bleiben. Aber unser Körper gehört nicht mehr uns allein. Ihn haben wir gleichsam am Traualtar in die Hände unseres Partners gelegt. Ob der Mann, der das körperliche Zusammensein mit seiner Frau eher meidet, eine Störung oder einfach eine schwache Libido hat, sei dahingestellt. Im Sinne von Ergänzung braucht die Frau aber nicht darum zu beten, daß Gott ihr diese Sehnsucht nimmt. Sie darf vielmehr diese Seite ihrer Partnerschaft anregen und pflegen, und zwar ohne Schuldgefühle. Sie darf wissen, daß dieser Bereich für ihre Ehe wichtig ist, selbst wenn sie von ihrem Mann nicht so sehr wahrgenommen wird.

ZUM NACHDENKEN: Welche Rolle spielt die Sexualität in unserer Ehe? Erkenne ich sie als Gabe Gottes? Welche Gefühle verbinde ich damit? Kann ich meinen Ehepartner in diesem Bereich annehmen oder lehne ich ihn ab. Warum?

GEBET: Herr, dieser Bereich unserer Ehe macht mir Schwierigkeiten. Oft fühle ich mich unverstanden. Ich möchte so gerne von meinem Mann wirklich begehrt sein, nicht nur wegen meines Körpers, sondern in meinem ganzen Frausein. Und ich fühle mich so erbärmlich, wenn ich im sexuellen Bereich um ihn werben soll. Es gibt mir das Gefühl, billig zu sein. Bitte heile diese Gefühle. Schenk mir die Kraft, meinem Mann zu sagen, wie es mir geht, auf ihn zuzugehen und in ihm zu wecken, was du uns beiden füreinander geschenkt hast.

MERKE: Was ich meinem Ehepartner innerlich vorhalte, wird zum täglichen Machtkampf in anderen Bereichen.

27
Der Mann – ein Triebmensch?

Ein Unterthema unseres letzten Eheseminars lautete: »Der Mann, ein Triebmensch?« Wir sprachen darüber, wie der Mann von der Schöpfung her anders angelegt ist als die Frau. Die Frau ist ganzheitlich, mehr auf Geborgenheit angelegt, während im Mann das Kämpferische, Erobernwollende, Besitzergreifende stärker vorhanden ist. Die Ehefrau muß lernen, ihren Mann in seinen Spannungen mehr anzunehmen, und ebenso wäre es ein hilfreicher Lernprozeß für den Mann, wenn er die Frau in ihren Stimmungen akzeptieren lernte. Um die Jahrhundertwende war es üblich, eine Frau, die sexuelle Wünsche hatte, zum Psychiater zu bringen. Heute dagegen wird die Frau animiert, auf einen Orgasmus zu drängen. Es ist eigenartig, wie Modeerscheinungen der Zeit auch vor den Christen nicht Halt machen. Doch es geht in der Ehe nicht darum, etwas zu bekommen, sondern darum, auf den anderen in den Bereichen einzugehen, in denen er es braucht. Denn nur im Geben werde ich empfangen. Dies ist ein göttliches Prinzip (Luk. 6,38), das in unserer gefallenen Welt noch Gültigkeit hat.

Sexualität steht übrigens nicht kontra Heiligkeit. Hätte Gott sie nicht gewollt, hätte er sie nicht gerade in dieser Weise geschaffen. »Und alles, was Gott geschaffen hat, ist gut« (1. Tim. 4,4). Bei der Schöpfungsgeschichte steht nach der Erschaffung der Menschen: »Und siehe, es war sehr gut« (1. Mose 1,31). Da war kein Teil des Menschen ausgenommen. Der Mensch hat eben nicht nur eine Sexualität, vielmehr ist er ganz – durch und durch – Mann oder Frau durch die in ihm wirkenden Hormone, die jede Zelle erreichen. Dies geht bis ins Denken und Handeln hinein. Von daher entstehen natürlicherweise viele Mißverständnisse.

Sexualität ist gottgewollt. »Entziehe sich nicht eins dem andern«, rät Paulus in 1. Kor. 7,5. In der Ehe findet die Frau das Haus der Geborgenheit, um sich öffnen zu können, und der Mann den Ort, an dem er sich in seinem Mannsein angenommen fühlt – mit all seinen Wünschen. Es sollte der Platz sein, an dem er willkommen ist und liebevoll empfangen wird. Aber wie sieht dieser Ehewohnort oft aus? Die Frau jammert darüber, daß das »Dach« undicht ist, daß es durch die »Fenster« zieht, sprich: Sie wirft dem Mann vor, daß er ihr nicht genügend Geborgenheit schenkt. Deshalb, behauptet sie, könne sie seine Liebe nicht erwidern, so wie er es sich wünscht. – Und der Mann? Weil sie ihn abweist, zieht er sich zurück. Sie schaltet auf Kühlschrankatmosphäre. Er wird mehr und mehr unfähig, das »Dach« abzudichten, d.h. ihr Geborgenheit zu schenken. Ein weiser Eheberater sagte einmal zu den Ehemännern: »Wenn Sie abends Ihrer Frau nahekommen wollen, müssen Sie schon morgens nett zu ihr sein.« Und ich will anfügen: » Wenn Sie als Frau wollen, daß ihr Mann Ihnen Geborgenheit schenkt, so öffnen Sie sich ihm ganz, *ohne* daß er vorher etwas Besonderes leisten muß. »Auf einem unserer Seminare gab ein ältere Dame folgendes preis: »Mein Mann braucht nicht immer um mich zu werben. Manchmal lade ich ihn ein, indem ich ihm am Abend ein Bonbon auf den Nachttisch lege.« Gottgewollte Sexualität, eingebunden in die Ehe, soll befreiend für beide Partner werden. Es ist quasi Gottes Hochzeitsgeschenk an das Paar.
Und, falls ein Mann diesen Artikel lesen sollte: Werben Sie neu um Ihre Frau! Seien Sie liebevoll zu ihr, so als hätte sie Ihnen noch nicht ihr Jawort gegeben!
P.S. Wann haben Sie ihr eigentlich zum letzten Mal eine Rose geschenkt?

ZUM NACHDENKEN: Wie gehe ich mit meinem Mann um? Wie begrüße ich ihn, wenn er nach der Arbeit nach Hause kommt? Wann habe ich ihn das letzte Mal gelobt? Was erwarte ich von ihm, bevor ich bereit bin, daß wir uns körperlich begegnen?

GEBET: Herr, ich bin von unserer Ehe schwer enttäuscht. Ich hatte mir alles anders vorgestellt, so viel schöner. Oft fühle ich, daß ich zu kurz komme, und bin voller Vorwürfe. Manchmal meine ich, daß nur ich mich anstrenge und keine Resonanz kommt. Dann bin ich voller Bitterkeit. Gib mir den Mut zum Neuanfang. Gib mir den längeren Atem, der auch aushält, wenn ich nicht gleich Erfolg sehe.

MERKE: Werden Sie die Geliebte Ihres Mannes! Zeigen Sie ihm, daß Sie ihn wollen.

28
Menstruation, eine Strafe Gottes?

Für viele Frauen ist die monatliche Regelblutung wirklich beschwerlich. Viele leiden unter krampfartigen Schmerzen, andere haben Kopfweh oder Rückenschmerzen und manche fühlen sich so krank, daß sie im Bett liegen. Und schon vor der beginnenden Menstruation klagen Frauen über depressive Verstimmungen. Sie haben das Gefühl, das Leben nicht bewältigen zu können oder kräftemäßig überfordert zu sein. Zu der Zeit vor der nächsten Menstruation hat das Östrogen seinen Tiefststand während des Zyklus erreicht. Dieses Hormon bestimmt in großem Maße das Wohlgefühl der Frau. Mit dem Beginn des neuen Zyklus steigt es an, erreicht zur Zeit des Eisprungs seine Hochphase, um danach wieder abzunehmen. Deshalb fühlt sich die Frau meistens in der Zyklusmitte besonders wohl.

Warum unser Schöpfer dies so eingerichtet hat? Ich kann darauf sicher nicht eine endgültige Antwort geben. Aber mir scheint, als wolle er uns immer neu daran erinnern, daß wir als Frauen Leben weitergeben dürfen. Ich meine damit nicht nur, daß wir Kinder bekommen sollen, sondern daß wir nicht nur an der Oberfläche des Lebens, sondern in der Tiefe suchen, was Leben wirklich meint. Jede Menstruation ist eine Erinnerung daran, daß wir mehr sein sollen als Maschinen, die mechanisch ihre Pflicht erfüllen. Unser Körper signalisiert: Halt ein, mach eine Pause. Denk über dich nach, über deine Bestimmung. Nicht nur dein Körper braucht Ruhe. Gönne auch deiner Seele eine Verschnaufpause. Jede Menstruation erinnert uns daran, daß wir Frau und nicht Mann sind; sagt uns, daß wir sensibel sein sollen, um auf die Signale zu achten, die unser Körper uns sendet. Sie ist jedes Mal ein Einschnitt in unser Sein, der uns sagt: Du bist als Frau geschaffen. Entdecke neu die Aufgabe, die Gott dir damit gegeben hat.

ZUM NACHDENKEN: Welche Beschwerden habe ich vor bzw. während meiner Regelblutung? Wie könnte ich mir das Leben in dieser Zeit etwas erleichtern? Was sollte ich in diesen Tagen absagen, um mich nicht zusätzlich zu belasten? Mit was könnte ich mir eine Freude bereiten? Welches Buch könnte ich mir vornehmen, in den Ruhepausen zu lesen?

GEBET: Vater im Himmel, du hast mich so geschaffen, daß diese Einschnitte mein Leben prägen. Manchmal kommt es mir wie eine Strafe vor, die ich erleiden muß, weil ich Frau bin. Aber wenn du dadurch zu mir reden willst, will ich ja dazu sagen. Gib mir den Mut, in dieser Zeit Dinge liegen zu lassen, und das Wissen, daß sie mir hinterher um so schneller von der Hand gehen. Schenk, daß ich mich nicht daran messe, was ich geleistet habe, sondern, ob ich mit dir im Einklang bin.

29
Hingabe oder Orgasmus?

Vor einiger Zeit saß ich mit den Kindern am Ufer eines Sees. Wir aßen Eis und freuten uns an der Landschaft. Ich war nicht wenig erstaunt, als ich ganz in der Nähe ein Gespräch von zwei etwa 10jährigen Mädchen mithörte. Sie unterhielten sich darüber, wie man wohl einen Orgasmus erleben würde und wie sich das anfühlte. Leider war es mir nicht möglich, mit den beiden ins Gespräch zu kommen und ihnen zu sagen, daß Liebe viel mehr ist, als irgendwelche Gefühle zu haben. In unserer Zeit wird offen über alles gesprochen, und in vielen Bereichen ist das sicher hilfreich. Dennoch fühlt man sich durch das Erleben der anderen oft unter Nachahmungsdruck gesetzt – und das ist nicht nur bei Menschen so, die ohne Gott leben. Bei mancher Frau geht es so weit, daß sie vom Orgasmus das Gelingen oder Nicht-Gelingen ihrer Ehe abhängig macht. Hat sie »ihn« gehabt, ist sie voller Harmonie; wehe aber, wenn nicht! Dann meint sie Grund zu haben, um gereizt zu sein und zu streiten.

Es ist interessant, daß die Bibel nicht vom Orgasmus spricht. Im Hohenlied sagt sie etwas von der Schönheit des Körpers und zeigt damit, daß Gott Körperlichkeit bejaht und sie uns zur Freude gegeben hat. Die Bibel stellt das Ein-Fleisch-Werden innerhalb der ehelichen Gemeinschaft als etwas Gutes und Reines dar – von Gott gewollt. Aber das Ein-Fleisch-Werden muß nicht etwas ekstatisch Berauschendes haben. Es kann vielmehr so sein, daß man dabei einander in großer Freude immer wieder neu entdeckt. Ein-Fleisch-Werden ist aber noch mehr. Es ist das Teilen von Freud und Leid, wie man es sich bei der Hochzeit versprochen hat. Wir nehmen Anteil an der Freude, aber auch am Schmerz des Partners. Wir machen uns eins mit ihm! Es geht nicht darum, ob ich Lust habe, wenn er es möchte, sondern darum, ob er mich braucht. Es geht auch nicht darum, ob er es verdient hat oder nicht. Ich stelle mich mit ihm unter seine Last und seine Spannung – und gebe mich ihm hin. Ich brauche keine Leistung zu bringen. Ich darf einfach Gefäß sein, das ihn aufnimmt. Wir dürfen ineinander ausruhen von den Kümmernissen des Tages. Wir brauchen keine anderen Rollen mehr zu spielen. Dieses Einswerden ist jedoch nichts Passives, sondern aktive Bereitschaft zu geben. Es kann sogar so sein, daß ich als Frau der »Gastgeber« für meinen Mann bin und ihm signalisiere: »Ich freue mich auf dein Kommen.« Welch eine Freude für den Partner, willkommen zu sein!

Wer sich auf den Orgasmus fixiert, wird nicht frei dafür sein, sich zu schenken. Er ist viel zu sehr mit sich selbst und seinen Gefühlen beschäftigt. Auch hier gilt das Wort aus Lukas 6,38: »Gebt, so wird euch gegeben... ein volles gerütteltes Maß!« Unser Zusammensein darf zum Gebet werden: »Herr, ich will mich für meinen Ehepartner verströmen, will lernen, mit ihm eins zu werden, wie du Einheit verstehst«. Wer sich in dieser Weise hingibt, wird innerlich beschenkt, selbst wenn er nicht das Hochgefühl des Orgasmus erlebt. Viele Frauen teilen mir mit, daß sie oft lange Zeit keinen Orgasmus mehr erleben, wenn bei einer Entbindung ein Dammschnitt vorgenommen wurde. Manche Frauen berichten dies auch nach einer Totaloperation. Oft entsteht daraus eine depressive Stimmung. Aber es gibt Frauen, die zu anderen Lösungen finden. Eine Frau berichtete mir: »Zwar waren diese herrlichen Gefühle nicht mehr da, aber ich liebte meinen Mann ja nicht um dieser Gefühle willen. Das machte ich mir bewußt. Ich freute mich an seinem Orgasmus und an seiner Entspannung. Wir entwickelten eine viel größere Sensibilität füreinander und fingen an, neu zu entdecken, was wir als wohltuend empfanden. Ich hörte auf, angstvoll auf meine Gefühle zu lauschen, und lernte, mich ganz hinzugeben. Die zärtliche und liebevolle Nähe meines Mannes ist mir mehr wert als tausend Orgasmen.«

ZUM NACHDENKEN: Welche Erwartungen habe ich bei unserem körperlichen Zusammensein? Möchte ich nur empfangen, oder bin ich bereit, mich zu verschenken? Welchen heimlichen Groll hege ich in meinem Herzen? Welche Bedingungen muß mein Ehepartner erfüllen, bevor er mich berühren darf?

GEBET: Herr, ich will nicht immer diejenige sein, die nur vergibt und sich hingibt. Es ist mir leid nur von meinem Mann im Bett gefragt zu sein, ohne daß er sich um meine Gefühle kümmert! Ich möchte mich als Mensch von ihm angenommen fühlen. Eigentlich fühle ich mich nicht anerkannt und nicht wirklich geliebt von ihm. Vater im Himmel, du liebst mich. Du hast deinen Sohn Jesus für mich hingegeben, obwohl ich es nicht verdient habe. Und du gibst ihn immer neu dahin für mein Versagen. Du fragst nicht danach, ob ich es verdient habe. Du liebst mich dennoch. Bitte lehre mich deine Liebe. Wenn ich mich in deiner Liebe gehalten fühle, werde ich nicht leer ausgehen.

MERKE: Auch wenn Jesus die Füße seiner Jünger wusch, blieb er König und wurde dadurch nicht Sklave. Unser Tun muß von der richtigen inneren Einstellung getragen werden. Auf diese Weise werden wir uns nie ausgenützt fühlen.

30
Frigidität

Dieses Kapitel ist für beide Ehepartner gedacht, weil auf diesem Gebiet besonders viel gelitten wird.

Manch einer mag zunächst schockiert sein: Fangen die Christen nun auch an, sich über so etwas Gedanken zu machen! Ja, nur haben viele nie gewagt, es auszusprechen. Ingrid Trobisch schreibt in ihrem Buch »Mit Freuden Frau sein« über alle Bereiche des körperlichen Erlebens der Frau, über Schwangerschaft, Geburt, Stillen... und über das Erleben der körperlichen Nähe mit dem Mann. Durch dieses Buch ermutigt schrieben Frauen und suchten Hilfe. Viele dieser Briefe kamen auf meinen Schreibtisch. Ich entdeckte, daß Sexualität ein Bereich ist, in dem unter christlichen Frauen viel gelitten wird. Und gerade Christen sind es, die Sexualität oft verteufeln.

Die Bibel ist zum Thema Sexualität erstaunlich offen. Sie redet im 1. Mose 2,24 vom Ein-Fleisch-Werden mit dem Ehepartner als etwas Gutem und Gottgewolltem. Und doch gehen diesem innigen Sich-Nahen zwei ganz wichtige Punkte voraus, nämlich das Verlassen von Vater und Mutter – und damit die neue Priorität allen anderen gegenüber zugunsten des Ehepartners – und das An-seiner-Frau-Hängen. Letzteres umfaßt die ganze Breite der Kommunikation, des Austauschs von Gedanken und Gefühlen. Wo diese beiden Schwerpunkte in der Ehe nicht vollzogen wurden oder werden, kann man als Folge fast immer eine unerfüllte Frau finden.

Frigidität ist der Ausdruck für Gefühlskälte. Er klingt abwertend. Gemeint ist meist damit die Unfähigkeit zum Orgasmus, oft aber die fehlende Libido (Störung des sexuellen Verlangens). Während nach gängiger Meinung der Mann eine Störung hat, wenn es bei ihm nicht zum Orgasmus kommt, scheint statt dessen bei der christlichen Frau eine Störung vorzuliegen, wenn sie einen Orgasmus haben will.

Sexualität wird unter Christen oft als etwas betrachtet, was man eher vermeiden sollte, wird abgehandelt als ein niederer Trieb. Und doch steht sie gleichwertig hinter Verlassen und Anhangen in Gottes Wort. Vom Schöpfer ist sie gedacht als Gabe, um sich, dem Einerlei des Alltags zum Trotz, einander zu beschenken. Gott hat dies mit großer Freude verbunden und nicht mit unguten Gefühlen. Er hat unseren Körper geradezu darauf angelegt, uns aneinander zu freuen. Allerdings sieht er bei diesem gegenseitigen Sich-Beschenken nur das Paar vor sich, das sich für immer vor Gott und den Menschen durch den Treuebund einander versprochen hat. Ein verheirateter Mann sagte zu einem anderen vor der Hochzeit: »Sei vorsichtig! Bevor du dich entschließt zu heiraten, mußt du dir sicher sein, daß du die Kraft hast, deine Frau ein Leben lang zu umwerben.« Dies ist ein Geheimnis.

Paulus erkannte es und schreibt dazu im Epheserbrief: »Ihr Männer, liebet eure Frauen!« (Epheser 5, 25+28+33). Innerhalb von wenigen Versen schreibt er dies dreimal. Zum einen sicher als Erinnerung, zum anderen möglicherweise als Parallele zu 1. Mose 2,24. Dann hieße dieses erste *Lieben*: Setzt eure Frauen, nach Gott, an die erste Stelle eures Lebens ! Mit der zweiten Aufforderung zu lieben möchte Paulus ausdrücken: Tauscht euch mit ihnen aus, sooft wie möglich! Hört ihnen zu, auch wenn ihr nicht alles verstehen könnt! Beschenkt sie mit lieben Worten und Taten! Mit dem dritten Lieben meint er: Kommt ihnen körperlich nahe, indem ihr alle Erfindungskunst, die ihr habt, einbringt, um sie wirklich zu beglücken und nicht nur euer eigenes Vergnügen zu haben! Denn sonst werdet ihr sie innerlich – und vielleicht auch äußerlich – verlieren. Meist sind die beiden ersten Aufforderungen Paulus, seine Frau zu lieben, viel schwerer durchzuführen als die dritte. Die Sexualität des Mannes ist meist drängender als die der Frau. Deshalb wird der Mann seine Frau öfter suchen als sie ihn. Der Frau die erste Stelle nach Gott zu überlassen scheint für manche Männer geradezu lächerlich. Und Kommunikation mit einer Frau, das ist viel zu anstrengend. Aber auch das körperliche Zusammensein braucht Zeit. Meist braucht die Frau viel länger, bis in ihr die

sexuelle Spannung wächst. Oft ist sie gerade erst geweckt, wenn beim Mann schon die Ejakulation stattgefunden hat. Viele Frauen berichten uns, wie ihr Mann sich danach auf die andere Seite dreht, oft sogar schnarcht, während sie sich unendlich alleingelassen fühlen.
Eine Frau lebt ganzheitlicher und empfindet Störungen im Bereich des Gesprächs sowie das Gefühl, nicht für voll genommen zu werden, als Blockaden, die sie daran hindern, sich dem Mann körperlich hinzugeben. So wächst ein trauriger Kreislauf, der sich ständig wiederholt. Die Frau fühlt sich unverstanden und ungeliebt. Ihr ganzes Inneres schreit nach dem liebevollen Mann, den sie einst heiratete. Dieser ist aber oft nur fähig, im Bett liebevoll zu sein. Dort will er seine Liebe beweisen. Und genau dort empfindet die Frau ihn nicht als Liebhaber, sondern als Fordernden. Denn die Frau muß sich innerlich erst öffnen, bevor sie körperlich etwas empfinden kann.
Frigide Frauen sind meist Frauen, die sich ungeliebt, mißbraucht, unverstanden fühlen. Meist haben sie ein großes Maß an Gefühlen, die sie jedoch verdrängen, um überleben zu können. Sie versuchen aufzuhören, die Verletzungen wahrzunehmen, die sie täglich erleben; aber dabei bauen sie eine Mauer um ihre Gefühlswelt. Eigentlich spielt sich im körperlichen Zusammensein für die Frau nur ab, was sie im Alltag erlebt. Frigidität kann ebenfalls andere Ursachen haben. Körperliche Auslöser können sein: Schmerzen beim Verkehr, aber auch Schmerzen anderer Art, Schwächezustand, Geburtsverletzungen, zu starke Dehnung des Beckenbodens, manchmal ein früherer Dammschnitt, Operationen (besonders an Brust und Gebärmutter), Hormonveränderungen durch Verlust von Eierstöcken und beim Klimakterium. Psychogene Möglichkeiten sind: Depression, Mißbrauch in der Kindheit, unbewußte Ängste, Angst vor einer Schwangerschaft. Auch Medikamente können zu Störungen führen, besonders bei Hormonbehandlungen.
Frauen, die unter ihrer echten oder vermeintlichen Frigidität leiden, kann durchaus geholfen werden. Hierzu gibt es mehrere Möglichkeiten. Häufig hilft das Training der Beckenbodenmuskulatur, das Kennenlernen des Gräfenberg-Punktes usw. Mann

und Frau dürfen bei der sexuellen Begegnung einander wissen lassen, was sie als schön empfinden. Auf diese Weise entdeckt jeder den Körper des anderen neu und kann ihn beglücken. Eine Frau, die sich ganz von ihrem Mann angenommen fühlt, wird sich ihm fröhlich hingeben und die Erfahrung machen, daß sie selbst dabei beschenkt wird. Sie wird das körperliche Zusammensein mit ihrem Mann als Zeichen ihrer tiefen Einheit spüren und – das ist das Erstaunliche – bei ihm Geborgenheit empfangen, sogar ohne einen Höhepunkt zu haben. Sie wird also selbst dann nicht frigide sein, wenn sich körperlich »nichts« ereignet. Sie wird die Erfahrung machen, daß das Zusammensein mit ihrem Mann ihr tiefe Erfüllung bringen kann. Ein achtzigjähriger Mann schrieb uns beglückt davon, daß er das Zusammensein mit seiner Frau (mehr als fünfzig Jahre verheiratet) immer noch als Fest empfindet, das sie miteinander feiern. Gefragt sind also liebevolle Männer.

ZUM NACHDENKEN: Wie wichtig ist mir die Begegnung mit meinem Ehepartner. Suche ich ihn von ganzem Herzen? Oder habe ich es schon aufgegeben, mit ihm wirklich eins werden zu wollen, weil ich so enttäuscht von ihm bin? Bin ich ihm deshalb gram, weil er so wenig nach meinen Gefühlen fragt, und ich mir so allein vorkomme? Bin ich bereit, wieder neu über diese Fragen mit ihm auszutauschen?

GEBET: Herr, wenn ich zurückdenke, wie vieles ich mir anders vorgestellt hatte, kommen mir die Tränen. Ich wollte meinen Mann richtig lieben. Aber oft geht er überhaupt nicht auf mich ein. Wenn er seinen Höhepunkt hatte, läßt er mich danach allein. Nimm mir die Enttäuschung und gib mir den Mut, neu darüber zu sprechen, ohne daß er es als Angriff empfindet.

MERKE: Wenn ich meine Enttäuschung zeige, gebe ich dem anderen das Gefühl, versagt zu haben. Liebevolle Worte öffnen das Herz des anderen zum Verstehen.

31
...wie auch wir vergeben unsern Schuldigern

Nun ist es schon mehr als fünfundzwanzig Jahre her. Voller Begeisterung, aber auch mit Angst verbunden, standen Hans-Joachim und ich damals vor Walter Trobischs Haus. Was er wohl zu unserer heimlichen Verlobung sagen würde? Schließlich saßen wir ihm gegenüber und berichteten. Er schwieg lange. Ich war wirklich gespannt. Doch statt der erwarteten Fragen, wie tief unsere Liebe sei oder was wir für den anderen empfänden, schaute er uns nur sehr ernst an und fragte eindringlich: »Habt ihr schon einmal richtig Streit miteinander gehabt?« Mir wurden die Knie weich, denn Hans-Joachim und ich sind sehr verschieden. Diese Unterschiedlichkeit hatte in unserer Freundschaft schon zu allerhand Konflikten geführt. Wenn wir das nun Walter Trobisch anvertrauten, müßte er uns dann nicht dringend von einer Hochzeit abraten? Müßte er nicht sagen: » Wenn ihr in der kurzen Zeit schon gestritten habt, wie soll das erst später werden???« Noch ehe ich diese durch mein Gehirn rasenden Gedanken zu Ende bringen konnte, sah ich, wie Hans-Joachim mit dem Kopf nickte. Was blieb mir anders übrig als dasselbe zu tun? Statt der erwarteten Moralpredigt rieb sich Walter schmunzelnd die Hände: »Gut, Kinder, dann seid ihr richtig! Wenn ihr gemeinsam euren Weg gehen wollt, wird es Konflikte geben. Es gibt kein Zusammenleben ohne Konflikte. Eines jedoch müßt ihr ganz sicher vom anderen wissen: ob er bereit ist *zu vergeben.*«

Wie leicht sind wir geneigt, wenn der andere uns verletzt, die ganze Vergangenheit aufzurollen, in der er sich in ähnlicher Weise verhalten hat. Aber wenn wir auf diese Weise handeln, zeigen wir nur, daß wir nicht wirklich vergeben haben. Im Vaterunser heißt es: »Und vergib uns unsere Schuld, wie auch wir vergeben unseren Schuldigern.« Das heißt, daß wir Gott um Vergebung für uns selbst bitten in dem Maße, wie wir selbst zur Vergebung bereit sind. Gott will uns ganz vergeben. Corrie ten Boom drückt das so aus:« Er versenkt unsere Schuld im Meer, wo es am tiefsten ist, und schreibt dorthin: Fischen verboten.« Aber er koppelt seine Vergebung an unsere Bereitschaft, dem anderen zu vergeben. Wer vergibt, erfährt eine große Kraft. Wir werden nie etwas dabei verlieren, nur gewinnen. Vergeben ist die eine Sache, aufarbeiten eine andere. Wir müssen lernen, die kleinen Verletzungen nicht zu schlucken, sondern dem anderen im rechten Augenblick zu sagen, was mir empfinden. Er muß wissen, was seine Worte in uns auslösen. Wenn Gedanken in uns Macht gewinnen, indem wir voller Bitterkeit an ihn denken, ist es kaum möglich, Vergebung zu üben. Oft verlieren Gedanken an Macht, wenn wir sie aussprechen. Dann stehen sie im Raum und beide müssen sich damit auseinandersetzen. Dies nimmt das innere scheinbare Recht auf Rache, und es gibt beiden die Möglichkeit, darüber zu reden. Wenn allerdings das Gespräch zu immer neuen Streitpunkten führt, so ist es an der Zeit, sich an eine Beratungsstelle zu wenden. Eheberatung ist wie ein Fremdsprachenkurs, bei dem uns einer behilflich ist, die Sprache des Ehepartners zu erlernen, um ihn verstehen zu können. Oft hilft es schon, wenn einer der Partner zu solchen Gesprächen bereit ist.

ZUM NACHDENKEN: Welche Dinge vereinen mich mit meinem Partner am meisten? Welche schmerzen? Wem meine ich nicht vergeben zu können? Warum will ich nicht vergeben? Habe ich Angst, übervorteilt zu werden?

GEBET: Ich meine, ein Recht auf meinen Groll zu haben. Herr, du weißt, wie ich gelitten habe und noch leide. Ich fühle mich so elend, wenn ich an all diese Verletzungen denke. Sie belasten mich und nehmen mir die Freude. Herr, ich bin nicht einmal fähig zu sagen, ob ich vergeben will. Ich habe Angst, daß das Böse dann noch zunimmt. Aber du sagst mir, daß ich vergeben soll. Und auf dein Wort hin wage ich es zu vergeben. Ich wage es, weil du es willst. Und deshalb gibst du mir Wollen und Vollbringen. Und ich werde nicht zu kurz kommen. Ich vertraue dir vielmehr darin, daß ich danach wieder froh werden darf.

MERKE: Bitterkeit schadet uns selbst am meisten. Vergebung dagegen befreit.

32
Stille Zeit für Hausfrauen? Aber wie?

Als ich zu Jesus Christus als Ziel meines Lebens fand, lehrte man mich, daß jeder Christ Stille Zeit braucht, um in der Bibel zu lesen und auf Gott zu hören und beim Beten mit ihm zu reden. Ich empfand diese Zeit mit Gott als Bereicherung für mein Leben. Oft merkte ich, daß mein Tag ganz anders »lief«, wenn ich mir die Zeit genommen hatte, mit Gott vorher den Tag zu durchdenken. Ich heiratete und wir bekamen unser erstes Kind. Dieses kleine Wesen stellte Tag und Nacht auf den Kopf. Wenn ich erwachte, war ich aufgewacht durch sein Geschrei, und wenn ich mich zu Bett legte, schlief ich oft, während ich zu beten versuchte, vor Erschöpfung ein. Ich hatte Schuldgefühle, weil ich zu wenig Zeit für Gott hatte, und plagte mich mit dem Gedanken, daß deshalb so wenig Kraft in meinem Leben war, weil ich mir keine Zeit für Gott nahm. Dies zog mich noch weiter von Gott weg, weil ich mich nicht so recht in seine Nähe im Gebet wagte, da ich ihm nicht genügen konnte, so wie ich lebte. Als ich schließlich gelernt hatte mit dem ersten Kind ein wenig zurechtzukommen, war ich wieder schwanger. Meine Zeit mit Gott kam noch mehr zu kurz. Manchmal war ich darüber deprimiert, daß die Kinder, die ich eigentlich als Geschenk Gottes ansah, mich davon abhielten, mit ihm so Gemeinschaft zu haben, wie ich mir vorstellte, daß es sein sollte. Damals fiel mir ein Buch von Watchman Nee in die Hände, mit dem Titel »In der Welt, nicht von der Welt.« Ich schaffte es nicht, es ganz zu lesen. Aber ein Grundgedanke half mir, Gott – und mich selbst – mit anderen Augen zu sehen. Es war die Zusicherung, daß Gott mitten im Tellergeklapper des Geschirrspülens dabei ist. Es wurde mir klar, daß die Stille Zeit mit ihm überall stattfinden konnte, wo ich gerade war. Für ihn war es nicht wichtig, daß ich mich andächtig an einen stillen Ort setzte, den es gar nicht gab. Er wollte einfach Gemeinschaft mit mir haben. Und er freute sich an dieser Gemeinschaft mit mir, auch wenn ich dabei im Kochtopf rührte. In diesen (manchmal kurzen) Momenten des Alleinseins, in denen keines von den Kindern gerade etwas von mir wollte, genoß ich die Gemeinschaft mit Gott, freute mich an seiner Nähe, schüttete ihm mein Herz aus.

In der Zeit, in der wir kleine Kinder haben, dürfen wir gewiß sein, daß Gott uns trägt. Er legt uns nicht die zusätzliche »Last« auf, unsere Stille Zeit um jeden Preis einzuhalten. Er ist einfach da, wenn wir ihn rufen, und gibt uns in seiner Nähe eine innere Atempause, ohne Verdienst. Er trägt uns mitsamt unserer Last und weiß um unsere Sehnsucht nach Ruhe. Deshalb meine ich, daß Mütter mit Kleinkindern automatisch näher am Herzen Gottes sind, weil sie versorgen, was Gott ihnen ans Herz gelegt hat. Wir brauchen uns also nicht mit Schuldgefühlen zu plagen, weil wir unsere »Aufgabe« Gott gegenüber nicht erfüllen. Denn er erfüllt sie für uns, indem er für uns da ist, wann immer wir ihn brauchen. Für Mütter ist die Telefonnummer Gottes sehr wichtig. Wie gut, daß die Leitung nie belegt ist: »*Rufe mich an* in der Not, so will ich dich erretten, so sollst du mich preisen« (Psalm 50,15).

ZUM NACHDENKEN: Welche Anforderungen stelle ich an mich, was die Stille Zeit angeht? Wer hat mich darin geprägt? Wie und wann sieht Gott mich?

GEBET: Herr, ich habe bestimmte Vorstellungen davon, wie und wann ich in der Bibel lesen und beten sollte. Aber oft klappt das nicht. Dann fühle ich mich dir gegenüber als Versager. Danke, daß mein Reden mit dir keine Leistung ist, die ich erbringen muß. Du willst mich mit deiner Gegenwart beschenken, ohne eine Leistung von mir zu erwarten. Du freust dich darüber, wenn ich mit dir rede, sogar wenn es beim Geschirrspülen ist. Danke, daß du mir in meinem Alltag ganz nah bist, auch ohne Stille Zeit.

MERKE: Gott liebt uns, selbst wenn wir keine Leistung bringen! Er trägt besonders die, die es brauchen!

33
Füreinander beten

Auf die Frage, was er an seiner Frau besonders schätze, antwortete vor kurzem ein Bekannter: »Sie hat aus mir einen richtigen Mann gemacht!«
Dies war ein großes Lob für seine Frau. Nachdem beide recht unreif geheiratet hatten, waren sie im Verlauf ihrer Ehejahre zu reifen Persönlichkeiten herangewachsen. Als ich diese Äußerung hörte, wurde mir bewußt, welche Möglichkeiten uns Frauen gegeben sind: unseren Männern bei der Entwicklung zur Reife zu helfen. Dies geschieht nicht schulmeisterlich, sondern indem wir unsere Männer lieben und für sie beten. Das Gebet vermag große Dinge, und es vermag, einen Ehemann mit vielen Kanten zu einer wohlgeformten, harmonisch proportionierten Persönlichkeit umzuformen, weil unser Gebet Gottes Arm bewegt. Ich bin sicher, daß das Gebet – sowohl unseres als auch das unseres Mannes – uns Frauen zu der Reife verhelfen kann, die wir brauchen, um unserem Mann eine frohe und glückliche, ihn stabilisierende Partnerin zu sein.

ZUM NACHDENKEN: Wie oft bete ich für meinen Ehepartner? Beklage ich mich nur bei Gott oder bitte ich ihn, mich so zu verändern, damit in unserer Ehe ein Prozeß der Heilung beginnen kann?

GEBET: Herr, wie sehr wünsche ich mir einen Mann nach meinen Vorstellungen: zärtlich, zuvorkommend, liebevoll, auf mich eingehend. Oft bin ich ärgerlich auf ihn, manchmal resigniert. Bitte erinnere mich daran, daß ich öfter für ihn bete, statt an ihm herumzunörgeln.

MERKE: Jammern bewirkt keine Veränderung. Anhaltendes Gebet verändert meine Sicht für den anderen. Je mehr ich selbst mich daran orientiere, wie Gott mich haben will, um so mehr ist mein Ehepartner fähig, sich zu verändern.

34
Miteinander beten

Als wir noch miteinander verlobt waren, beteten wir oft zusammen. Es war uns eine große Freude, unsere Sorgen und Freuden vor Gott zu tragen und auf diese Weise miteinander und mit Gott Gemeinschaft zu haben. Zu Beginn unserer Ehe klappte dieses gemeinsame Beten ganz gut, bis es zu Störungen kam. Wenn ich mich durch meinen Mann verletzt fühlte, wollte ich nicht mit ihm zusammen beten. Zuerst wünschte ich mir, mich mit ihm auszusprechen, bevor ich betete. Er aber wollte zuerst beten, bevor er sich aussprach.

Diese Vorstellungen, wann man beten sollte, entzweite uns. Jeder gab seine Gründe an, warum er es nur auf diese Weise tun wollte. Und schließlich beteten wir nicht mehr miteinander. Ich konnte einfach nicht beten, wenn wir beide zuvor nicht eins waren. Und er fühlte sich unfähig zum Gebet, wenn wir vorher miteinander geredet – wie er es sah –, gestritten hatten. Es gab noch viele andere Gründe, die sich im Verlauf der Ehe einschlichen, nachdem wir die vorigen Gründe miteinander erarbeitet und zur Seite gelegt hatten. Ich hatte eine bestimmte Vorstellung davon, wie mein Mann sich verhalten müßte, wenn er an Gott glaubte. Da er nicht in der Weise unseren Kindern den Glauben lieb machte, wie ich es wollte, sah ich auf ihn herab. Er ärgerte sich, wenn ich »stundenlang« betete. Und ich fand es viel zu kurz, wie er vor Gott seine Anliegen brachte. Es ist doch erstaunlich, daß wir unsere persönlichen Vorstellungen vom anderen bis in unser Gebet hineintragen. Letztlich profitiert der Feind davon, indem er uns hindert zu beten. Und Gebet ist eine Macht, die den Arm Gottes bewegt. Die Ehe ist eigentlich die kleinste Form der Gemeinschaft mit größter Verheißung: »Wenn zwei unter euch eins werden auf Erden, worum sie bitten wollen, so soll es ihnen widerfahren vor meinem Vater im Himmel« (Matth. 18,19). Von daher ist verständlich, warum der Feind Gottes solch ein großes Interesse daran hat, diese Gemeinschaft im Gebet zu zerstören.

ZUM NACHDENKEN: Warum beten wir nicht mehr miteinander? Welche Erwartungen stelle ich beim Gebet an meinen Ehepartner? Bin ich bereit das Anderssein meines Partners stehenzulassen?

GEBET: Wie wünsche ich mir, Herr, daß mein Ehepartner das Gebet bei uns anregt, daß er mit den Kindern betet, daß er wie ein Hoherpriester damals in Israel den Kindern und mir Vorbild ist. Manchmal meine ich, es kümmert ihn gar nicht, ob wir beten oder nicht. Aber vielleicht ist er einfach zu beschäftigt, in Gedanken bei seiner Arbeit. Gib mir die Fähigkeit, ihn liebevoll daran zu erinnern. Hilf mir, daß ich nicht voller Vorwürfe bin, wenn er es nicht so handhabt, wie ich es gerne hätte. Schenk mir die Fähigkeit, es zu übernehmen, wenn er nicht will oder kann.

MERKE: Wenn wir aufhören zu beten, freut sich einer, den wir eigentlich gar nicht dabei haben wollen!

35
Aber wenn sich nun nichts ändert?

Vom Segnen
Vor einiger Zeit sprach ich mit einer liebenswerten Frau. Als die Rede auf ihre Ehe kam, nahm ihr Gesicht einen verbitterten Ausdruck an, und sie sagte: » All die vielen Jahre unserer Ehe habe ich nur gegeben, zurückgesteckt, eingesteckt, ertragen. Nun bin ich leer. Ich habe nichts mehr, was ich geben könnte. Ich will jetzt mein Leben leben, wie *ich* will«. Kennen wir nicht auch jene Enttäuschung über den anderen, um den wir uns jahrelang bemüht haben: um unseren Ehepartner, unser Kind, eine liebe Freundin? Wir kommen an jenen Punkt, an dem die Verbitterung sich breitmacht, an dem wir keinen Mut mehr haben weiterzumachen, aufhören zu hoffen, und anfangen, unser eigenes Leben zu leben – und sehr unglücklich dabei sind.
Jesus gibt uns ein wundervolles Rezept gegen die Resignation: das Segnen. Er geht in der Bergpredigt so weit, daß er uns auffordert, sogar die zu segnen, die uns fluchen (Matth. 5,44). Es mag Zeiten in unserer Ehe geben, in denen uns der eigene Partner zum größten Feind werden kann. Bekanntlich kann der am tiefsten verletzen, der uns am besten kennt. Welche Waffe haben wir entgegenzusetzen? Die des Segnens! Jesus gäbe uns keinen Auftrag, wenn er uns nicht auch die Kraft gäbe, ihn auszuführen. Wer anfängt zu segnen, erfährt etwas von seiner verwandelnden Liebe!
Eine Mitarbeiterin unserer Gemeinde machte mir das Leben ziemlich schwer. Sie hatte völlig andere Vorstellungen über Gemeindearbeit als ich. Ihr Ziel war das soziale Evangelium, Diskussionen über die Dritte Welt etc., mein Ziel das Kennenlernen der Bibel und das Gebet. Wenn wir zusammen eine Stunde gestalteten, spürte ich Kälte, als wäre eine Eiswand zwischen uns.

Oft seufzte ich innerlich: »Herr, öffne ihr die Augen.« Aber Gott mußte zuerst *mir* die Augen öffnen. Ich brauchte diese junge Frau nicht zu verändern. Gott wollte nur, daß ich beginne, sie zu lieben. Wie kann man den anderen lieben, wenn er so anders ist, als man ihn haben möchte? Durch Freunde wurde ich daran erinnert, daß wir die Menschen, mit denen wir es zu tun haben, segnen sollen. Und zwar nicht nur die angenehmen, sondern insbesondere die, mit denen wir Schwierigkeiten haben. Sooft ich nun an die Mitarbeiterin dachte, segnete ich sie. Ohne daß ich es sofort merkte, begann in *mir* eine Veränderung. Ich konnte ihr ohne innere Verkrampfung gegenübertreten. Ich fing sogar an, sie zu mögen. Unser ganzes Verhältnis zueinander änderte sich im Verlauf von Wochen. Nicht alle Probleme wurden gelöst, aber der Eisberg schmolz. Gottes Segen wurde in unserer gemeinsamen Arbeit sichtbar.

ZUM NACHDENKEN: Mit wem fällt es mir schwer umzugehen? Wem gehe ich am liebsten aus dem Weg? Von wem fühle ich mich nicht verstanden? Was hindert mich daran, den anderen anzunehmen? Wie würde ich den anderen gerne verändert sehen?

GEBET: Herr, wenn du wüßtest! Aber Herr, du weißt es ja. Vor dir ist nichts verborgen. Du kennst meine inneren Vorbehalte gegen.......... Und du verachtest mich deshalb nicht. Du weißt, wie verletzt er/sie mich hat. Es ist schwer, gerade diesem Menschen deinen Segen zuzusprechen. Denn Segen heißt eigentlich, daß ich dem anderen Gutes wünsche. Ich habe alles ausprobiert. Aber es hat nichts geholfen. Ich will mir ein Herz nehmen, und.......... segnen, und dir zutrauen, daß diese Regel des Segnens den anderen verändert – und auch mich.

MERKE: Wer segnet, zapft Gottes Kraft an, ohne daß sie ihm deshalb ausgeht.

36
Teenager

Vor einiger Zeit schüttete ich bei meinem Mann mein Herz aus: »Pubertät ist wirklich anstrengend und aufreibend!« klagte ich ihm. »Nur zu«, meinte er, »du hast noch mindestens fünfzehn Jahre Pubertät vor dir. Irgendwann wirst du damit umgehen können«. Das war natürlich kein Trost, sondern eher ein Schreck, der mich durchfuhr. Und ich merkte, wieviel weniger mein Mann unter den Launen unserer Kinder emotional leidet als ich.

Wenn Mütter zur Beratung kommen und mir berichten, wie wenig Früchte ihrer Erziehung sie momentan sehen, wie sie oft den Eindruck haben, alles falsch gemacht zu haben, wie sehr sie unter ihrem Kind leiden, wie wenig ihre Worte bewirken, daß ihr Kind nichts für den Schulunterricht vorbereitet... daß ihr Kind kaum zur Mithilfe im Haushalt bereit ist..., dann weiß ich meist, bevor sie das Alter ihres Kindes nennen, daß sie ein Kind haben, das in der Pubertät steckt. Momentan sind drei unserer Kinder in diesem Alter. Nicht jedes geht mit der gleichen Intensität durch diese Zeit, und bei jedem läuft sie etwas anders ab.

Seit dieser Zeit sitzen die Tränen bei mir lockerer. So manche Aussage hat mich tief getroffen. Mit meinen Kindern bin auch ich in eine ganz neue Lebensphase getreten. Sie stellen mich in Frage, auf die Probe, und sie testen die Wahrhaftigkeit meiner Aussagen sowie meine Kraft, mit der ich dahinter stehe. Ich will damit nicht sagen, daß sie böse Kinder wären, sondern daß sie eine ganz normale Entwicklung durchschreiten. Gerade als gläubige Eltern hat man es oft noch schwerer. Wir haben als Christen Normen, die in der Welt als unnormal und manchmal altmodisch angesehen werden. Während der Pubertät geht der junge Mensch durch eine Phase der Loslösung. Er prüft, was er

von den Eltern und von anderen für sein eigenes Leben übernehmen will. Dabei erscheinen die Eltern oftmals als die Generation, die jetzt überholt ist. Häufig wird in dieser Zeit der Kinderglaube über Bord geworfen. Dies ist für die Eltern sehr schmerzlich. Trotzdem ist dieser Prozeß notwendig, damit aus dem Kind eine eigenständige Persönlichkeit wird.
In dieser Phase brauchen unsere Kinder mehr als je zuvor unser Gebet. Sie wollen auch wissen, warum wir Dinge befürworten oder ablehnen. Oft suchen sie – ohne es sich und uns einzugestehen – Grenzen, um Sicherheit zu haben.

Teenager brauchen Grenzen
Ich denke an eine Diskussion über Discobesuche. Sehr oft schon hatte ich einer meiner Töchter erklärt, warum ich ihr die Disco nicht erlauben würde. Ich sprach über die schädliche Lautstärke, die Texte der gespielten Lieder, die oft psychische Offenheit für körperliche Nähe bewirken, die ganze Atmosphäre, die darauf angelegt ist, Fehlentscheidungen zu treffen. Solche Erklärungen hatten schon des öfteren stattgefunden. Eines Nachmittags bekniete mich meine Tochter erneut. »Ich habe dir das Warum schon sehr oft erklärt«, äußerte ich. »Bitte tu es doch noch einmal«, bat sie mich. »Du nimmst mich auf den Arm!« war meine Antwort. »Nein, bitte!« war ihre Erwiderung. Ich begann also von neuem. Etwas erschöpft beendete ich meine Erklärungen mit dem Satz: »Mehr weiß ich nicht dazu. Es tut mir leid für dich, aber ich werde es nicht erlauben, weil ich es nicht für gut finde.« Statt ihres erwarteten Vorwurfs klopfte sie mir liebevoll auf die Schulter und meinte: »Schon gut, Mütterchen, ich wollte nur wissen, ob du noch bei deiner Meinung bist.«
Wir werden unsere Kinder nicht vor allem bewahren können. Christa Meves sagte einmal, daß sich unsere Kinder in der Pubertät durch ihren Ungehorsam entwickeln. Unsere Kinder wollen ihre Grenzen wissen. Sie wollen Freiheit, sooft und soviel sie eben haben können, und sie wollen andererseits auch Grenzen, die ihnen die Sicherheit geben, daß jemand hinter ihnen steht und sich um sie sorgt. Ich denke an das Gespräch mit einem Jungen, der mir bedrückt erzählte: »Zur Zeit bin ich sehr schlecht in der Schule. Vielleicht werde ich das Klassenziel

nicht erreichen. Die ganze Zeit drängten mich meine Eltern, mehr zu lernen. Aber ich wollte nicht, und irgendwie konnte ich nicht. Jetzt haben sie es mit mir aufgegeben. 'Mach, was du willst', sagte Vater, 'es ist mir egal, was du wirst.' Das war der furchtbarste Tag meines Lebens. Zwar hatte ich mich immer geärgert, wenn meine Eltern mich zum Lernen aufgefordert hatten. Aber niemals wollte ich, daß es ihnen gleichgültig wäre, was aus mir werden würde.« Was wir als Eltern unseren Kindern in der Pubertät vermitteln, nehmen sie sehr ernst, selbst wenn sie weder danach handeln noch darauf reagieren.

Teenager brauchen Weite

Immer wieder erlauben wir unseren Kindern Dinge, von denen wir nicht überzeugt sind, daß sie ihnen nützen. Und in dieser Weise formulieren wir es auch. Dabei bitten wir als Eltern den Herrn Jesus, sie zu begleiten, weil wir wissen, wie negativ das Ganze ausgehen kann. Manchmal müssen wir unsere Kinder fortlassen, damit sie uns »beweisen« können, daß sie nun ohne unsere Aufsicht richtig handeln. Letztlich können wir sie nicht vor allem Schlechten bewahren; vielmehr müssen wir ihnen die Möglichkeit zugestehen, durch eigene Erfahrungen zu lernen.

Teenager brauchen Ermutigung

Pubertierende sind keine Kinder mehr, aber sie sind jedoch noch keine Erwachsenen. Sie brauchen uns in diesem Stadium mehr als je zuvor, sogar wenn sie uns scheinbar ablehnen. Das macht diese Phase so ungeheuer anstrengend. Sie wollen helfen, sie wollen gebraucht werden, haben aber sehr wenig Motivation dazu. Deshalb benötigen sie sehr viel Lob. Die kritischen Maßstäbe, die sie an andere anlegen, legen sie auch an sich selbst an. Dabei haben sie in ihren eigenen Augen oft einen so geringen Selbstwert, daß sie verzweifeln und selbstmordgefährdet sein können. Sie teilen oft großzügig Kritik aus; selbst sind sie aber mimosenhaft empfindlich, obwohl sie sich nach außen als Dickhäuter geben. Ich hatte meine Tochter gebeten, mir in der Küche zu helfen. Sie tat es, wenngleich sie mir mit ihrer Miene zeigte, wie lästig ihr das alles war. Ich bin durch Mienen schnell zu erreichen und gut zu verletzen. »Wenn du dir dabei etwas abbrichst, laß es lieber bleiben«, sprach ich sie an. »Aber Mama«, entgegnete sie vorwurfsvoll, »ich helf' dir ja schon, aber das Gesicht laß mich bitte machen, wie ich will!« Es ist schwer, Kinder in diesem Alter zu verstehen, denn sehr oft verstehen sie sich selbst nicht. Und sie brauchen Ermutigung, selbst wenn sie diese ständig und konsequent ablehnen. Eine unserer Töchter war in der Oberstufe des Gymnasiums trotz ihres Lerneinsatzes notenmäßig abgerutscht. Öfters saß ich abends an ihrem Bett, hörte mir ihren Frust an und versuchte, sie zu trösten. Doch jedesmal signalisierte sie mir, daß ihr das nicht helfe. Nach mehreren »Einsätzen« ging ich abends nicht mehr zu ihr, da es nun mich frustrierte, sie anzuhören, ohne ihr anscheinend helfen zu können. Nach einiger Zeit beklagte sie sich heftig bei mir, daß ich nicht mehr gekommen wäre, weil mir anscheinend ihr »Gejammer« auf die Nerven gegangen wäre.

Teenagern auch Unangenehmes zumuten
Von den Haushaltspflichten wie Putzen etc. hatte ich unsere Jungen ausgenommen. Putzen und Knöpfe annähen sei eher etwas für Mädchen, hatte ich gedacht. Als mein Mann das bemerkte, gab er mir folgendes zu bedenken : »Es sind zwar noch ein paar Jahre Wartezeit bis dahin, aber denk' doch einmal an deine zukünftigen Schwiegertöchter! Sie sollen doch keine unbeholfenen Männer bekommen.«

Teenager brauchen Liebe
Wie viele Mißverständnisse gibt es gerade in diesem Bereich! Es gibt Kinder, die einfach keine Berührung mehr wollen. Wenn man in Erfahrung gebracht hat, daß sie das wirklich nicht wollen, sollen wir diese Grenzen, die sie setzen, respektieren. Aber wir müssen sehr feinfühlig werden, um zu entdecken, was sie wirklich wollen. Oft verbirgt sich hinter ihrem Verhalten oder ihren Worten etwas ganz anderes, das wir (noch) nicht wissen – und ihnen vielleicht selbst nicht bewußt ist. Unsere Tochter kam von der Schule nach Hause. »Ab heute bekommst du nur noch einen Kuß, wenn ich aus der Schule nach Hause komme. Ich finde es albern und bin zu groß, als daß ich dir morgens und abends einen Kuß geben soll«, sagte sie mir.

»Nun, daran werde ich auch nicht kaputtgehen«, war meine Antwort. Wir hatten gegessen und die Kinder gingen nach oben, um ihre Schulaufgaben zu machen. Eine unserer Töchter kam wieder heruntergestürzt. »Mama, die liegt im Bett und weint!« Nach vielem Fragen und geduldigem Warten kam es aus ihr heraus: »Ich hab' gedacht, du kämpfst um den anderen Kuß, und dabei ist es dir völlig gleichgültig.«
Zusammenfassend kann ich sagen: *Teenager brauchen Grenzen und Weite, Liebe und Ermutigung – und vor allem brauchen sie unser Gebet.*

Teenager brauchen unser Gebet
Oft will der junge Mensch nicht mehr, daß wir mit ihm zusammen beten. Vielleicht zeigt er ein großes Desinteresse, um so mehr braucht er unser Gebet. Pubertierende eignen sich nicht als Vorzeigeobjekte unserer erfolgreichen christlichen Erziehung. Je mehr wir sie darauf festlegen wollen, desto mehr brechen sie aus. Ja, sie werden durch unsere Ungeschicklichkeit zu einem viel extremeren Ablehnungsverhalten geführt, als es ihrer inneren Einstellung entspricht. Auch bei ihren Zweifeln dürfen wir ihre Gesprächspartner sein. Seien wir geduldig : Gott wird mit ihnen zum Zuge kommen! Mit Gewalt und Druck treiben wir sie noch weiter von Gott weg. Durch unser über Jahre hinweg gelebtes Vorbild haben sie sicherlich den Eindruck gewonnen, wie gut das Leben in der Nachfolge Jesu ist. In den tiefen inneren Nöten, die mit der Pubertät einhergehen, werden sie um so lieber bei demselben Gott Hilfe suchen, der schon lange unser einziger Halt ist. Oft bitte ich den Herrn um Weisheit. Mehr denn je spüre ich meine Grenzen. Aber im Jakobusbrief heißt es: »Wem Weisheit mangelt, der bitte darum« (Jak. 1,5). Wir brauchen den Heiligen Geist, um:
- Erleuchtung für unsere Kinder zu bekommen,
- sie in ihrem Anderssein annehmen zu können,
- sie trotz ihrer Besserwisserei und ihrer oft lieblosen Bemerkungen lieben zu können,
- uns selbst in der richtigen Weise abzugrenzen,
- im richtigen Moment etwas zu erlauben oder zu verbieten,
- selbst nicht in depressive Stimmungen zu fallen.

Für mich spielt das Segnen eine große Rolle. Wenn Jesus uns dazu auffordert, unsere Feinde zu segnen, wieviel mehr sollten wir dann unsere Kinder segnen! Viele Kinder lehnen es in diesem Alter ab, daß man zusammen betet. Trotzdem, ja gerade deshalb dürfen wir jetzt viel mehr für unsere Kinder beten und sie segnen, auch wenn sie nichts davon wissen. In dem ich sie segne, mache ich immer neu die Entdeckung, daß das Segnen nicht nur meine Kinder verändert. Ich selbst kann sie danach viel besser annehmen.

Die Eltern von Teenagern brauchen Vertrauen in Gott. Er kann da, wo menschlich die Lage aussichtslos scheint, etwas verändern, – ja, alles zum Guten wenden.

ZUM NACHDENKEN: Welchem Kind muß ich mich vermehrt zuwenden? Was könnte ich für mich selbst tun, um mir Freude zu bereiten und meinen Selbstwert zu stärken? Für was könnte ich mein Kind loben? Wo muß ich nachgiebiger werden? Wo sollte ich fest bleiben?

GEBET: Herr, ich bin so oft am Ende meiner Weisheit. Manchmal habe ich einfach keine Kraft mehr zu handeln. Es scheint so sinnlos, der Rechthaberei meines Kindes etwas entgegenzusetzen. Ich fühle mich alt und verbraucht – und als Versager. Bitte, gib mir die Kraft, das Richtige zu tun, und die Erinnerung, daß du bei mir bist. Gib meinem Kind die Kraft, sich bösen Einflüssen zu widersetzen. Hilf ihm durch diese Zeit unbeschadet hindurch.

MERKE: Wir können unsere Kinder nicht vor allem bewahren. Aber wir dürfen für sie beten.

37
Kinder – Ton in unserer Hand?

Zum Thema Kindererziehung
Führen oder wachsen lassen? Autoritär oder antiautoritär? *Je besser ein Kind erzogen ist, desto weniger werden andere unter ihm und es selbst leiden.*
Unser Junge war gerade drei Jahre alt. Er war temperamentvoll, an allem interessiert, besonders an elektrischen Knöpfen. Er kostete den Geschmack des Waschpulvers aus und versuchte, Nägel in Steckdosen zu stecken. Ich mußte ständig etwas in Sicherheit bringen, damit er nicht Schaden erlitt.
Kinder können ungeheuer anstrengend sein. Je temperamentvoller sie sind, um so mehr kosten sie Kraft. Jedes Kind ist ein Original. Wenn Menschen mir berichten, wie gut sie ihr Kind erzogen haben, freue ich mich mit ihnen. Aber im stillen denke ich: Laß sie erst einmal ihr zweites oder drittes Kind haben, dann können wir wieder über Erziehung miteinander reden. Je stärker ein Kind in seiner Persönlichkeit ist, um so mehr wird es ständig die Grenzen testen, die ihm gesetzt sind. Diese Kinder sind später oft die Menschen, die nicht aufgeben, bevor sie eine Erfindung zu Ende bringen oder bevor sie die Lösung einer Schwierigkeit gefunden haben. Je lebhafter und schwieriger ein Kind ist, desto mehr Zuwendung braucht es. Denn es gibt viele Situationen, in denen die Eltern eingreifen müssen. Dies kostet viel Kraft. In der Bundesrepublik Deutschland sterben jährlich viele Kinder durch Mißhandlung. Ich habe den Eindruck, daß nicht nur solche Eltern ihre Kinder mißhandeln, die sie ursprünglich nicht wollten. Häufig sind es Menschen, die sich einfach überfordert fühlen.
Wie kann man seinem Kind helfen, sich gesund zu entwickeln, ohne sich dabei selbst aufzugeben? Hierzu möchte ich zwei Grundsätze ausführen: *Liebe und Konsequenz.*

Liebe und Vertrauen. Die tiefste Sehnsucht des Menschen ist es, geliebt zu werden und zu lieben. Wer sich geliebt weiß, wird dadurch erst lebenstauglich. Die Fähigkeit, lieben zu können, ist ein Lernprozeß. Er wird dadurch eingeübt, daß man Liebe an sich selbst erfährt. Streicheleinheiten und Worte sind Ausdrucksmöglichkeiten dafür. Je mehr diese Erfahrung in früher Kindheit gemacht wird, um so mehr wird ein Mensch fähig, später Liebe weiterzugeben. Heute wird Liebe oft mit Gefühl gleichgesetzt. Aber sie ist eigentlich viel mehr. Liebe ist eine Entscheidung für den anderen. Sie setzt gerade dort an, wo der andere versagt und meinen Vorstellungen nicht gerecht wird. Es ist das *Dennoch* mitten in der Enttäuschung. Mein Kind, wirklich zu lieben, heißt: Ich nehme es in seinem Anderssein an – auch wenn es mir Anlaß zum Ärger gibt. Nicht um seiner Leistung willen wende ich mich ihm zu, sondern einfach deshalb, weil es mein Kind ist. Liebe beinhaltet aber, daß ich Grenzen setze. Ich erlaube und verbiete nicht willkürlich, sondern zum Wohl des Kindes – wie zum Wohl der Eltern, deren Nervenkraft begrenzt ist. Ohne diese Grenzen verliere ich die Kraft zum Überleben. Und mein Kind braucht diese, um Sicherheit vermittelt zu bekommen.
Vertrauen ist die Voraussetzung jeglicher Erziehung. Der Psalmist sagt dazu: »An der Mutterbrust hast du mich Vertrauen gelehrt« (Psalm 22,10). Mein Kind muß sich auf mein Wort verlassen können. Versprochene Belohnungen müssen genauso eintreffen wie weniger schöne Ankündigungen, die bei nicht erwünschtem Verhalten angesagt sind. Dies gibt dem Kind Sicherheit. Es weiß, was es zu erwarten hat.

Konsequenz. Wir hatten ein Pflegekind angenommen. Eine seiner ersten Fragen war: »Wenn ich böse bin, bekomme ich dann noch etwas zu essen?« Ich mußte lachen und antwortete ihm: » Zu essen gibt es bei uns immer. Die Bösen dürfen sogar noch etwas mehr haben, damit sie wieder lieb sein können.« Er lachte mit. Aber nach einer Woche fand ich in seinem Schrank jede Menge Butterbrote versteckt. Ich sprach mit ihm, und seine Antwort war: »Ich wußte nicht, ob du auch wirklich tun wirst, was du mir gesagt hast.« Wir Frauen sind oft nicht so konsequent wie Männer. Geht es uns gut, halten wir meist die Leine lockerer, geht es uns weniger gut, erlauben wir weniger. Dies ist oft hormonell durch den Zyklus bedingt. An solchen Tagen müssen wir Signale aussenden. Das Kind darf ruhig wissen, wann wir Kopfweh haben und daß wir deshalb seinen Lärm weniger verkraften als sonst. So weiß es, daß meine Laune nichts mit ihm zu tun hat. Jedes Kind ist ein Original. Deshalb braucht auch jedes eine andere Erziehung. Und jede Familie hat ihre eigenen Regeln. Wer mehr Kraft hat, kann mehr erlauben als jemand, der weniger Nerven hat. Deshalb gilt als Faustregel: *Soviel erlauben, wie ich verkraften kann, und nur das, was dem Kind nicht schadet.* Kinder finden nicht nur beim Spiel Befriedigung, sondern auch bei der Arbeit. Wenn Ihr Kind Ihnen helfen will, lassen Sie es helfen! Ermuntern Sie es durch Lob! Je größer meine Kinder werden, um so mehr wachsen ihre Freiräume (allein einkaufen, allein zu Freunden gehen, Taschengeld bekommen), aber auch ihre Aufgaben (Spülmaschine leeren, Treppe kehren, Waschbecken putzen).

Mehr als durch Worte lernen Kinder durch Vorbild. Sie erfassen intuitiv eine ganze Situation, indem sie die Stimmung, Körpersprache und den Ton wahrnehmen. Deshalb bedeutet Erziehung auch immer, daß wir an uns selbst arbeiten. Unser Kind erlebt, wie wir mit uns selbst, mit anderen und mit ihm umgehen. Dabei spielt unser Blick eine große Rolle. Nicht umsonst heißt es: »Wenn Blicke töten könnten...«. Wir schauen unsere Kinder, je größer sie werden, leider oft nur noch direkt an, wenn sie etwas Unerwünschtes tun. Wieviel mehr sollten wir lernen, sie mit liebevollen Blicken zu bedenken! Wenn wir sie schon zurechtweisen müssen, warum nicht in unseren Blick die Botschaft hineinlegen: Ich mag zwar dein Verhalten nicht, aber dich habe ich trotzdem lieb.

Eine gute Erziehung ist reibungsloser durchzuführen, wenn die Ehepartner miteinander eins sind. Ein Kind weiß sehr gut, wie es Eltern gegeneinander ausspielen kann. Zwar erreicht es damit oft seinen Wunsch, aber es ist unglücklich. Tief in seinem Innern sucht es die Einheit der Eltern, aus der es entstanden ist.

Peter Rosegger sagte: »Ein Kind ist ein Buch, in dem wir lesen und in das wir schreiben.« Es ist schon eine kleine Persönlichkeit,

aber es ist noch nicht endgültig geprägt. Seine Reaktionen sind völlig auf uns fixiert. Wir sehen in seinem Gesicht uns selbst. Lächeln wir, so lächelt es zurück. Sind wir ärgerlich, fängt es an zu weinen. Ein kleines Kind hat noch nicht die Fähigkeit, etwas objektiv zu sehen. Wenn wir sagen: »Du bist böse«, so hat dies für das Kind Endgültigkeit. Es verbindet diese Aussage mit seinem ganzen Sein. Solche Zuweisungen wirken sich äußerst ungünstig aus. Manche Menschen tragen noch als Erwachsene den Stempel eines Lehrers oder Elternteils mit sich, der zu ihnen gesagt hatte: »Aus dir wird nie etwas werden«. Solche Worte wirken wie Blockaden, die die Entfaltung beeinträchtigen. Viel besser ist es, die eigenen Gefühle mitzuteilen: »Ich bin ärgerlich auf dich. Ich bin traurig über dich...« Dabei unterstelle ich nicht einmal, daß das Kind mich verletzen wollte.
Ein Kind möchte, daß wir ihm genauso aufmerksam zuhören wie einem Erwachsenen. Es möchte ernst genommen werden in dem, was ihm wichtig ist. Sehr eindrücklich erscheint mir das Erlebnis eines Predigers. Er war bei einem Bekannten zu Besuch. Der kleine Sohn rief des öfteren nach seinem Vater. »Hörst du nicht deinen Jungen rufen?«, fragte ihn der Prediger. »Ach, es ist ja nur der Kleine«, äußerte er daraufhin. Der Prediger machte sich seine eigenen Gedanken dazu: Wie bald wird der Junge groß sein! Dann wird er den Ruf seines Vaters ignorieren und denken: Ach, es ist ja nur der Alte.
Kinder wollen erzogen werden! Erziehung heißt auch Zuwendung. Das bedeutet Beschäftigung mit dem Kind. Mein großer Junge – inzwischen 20 Jahre alt – sagte neulich etwas vorwurfsvoll zu mir: »Wir mußten aber das Spielzimmer besser aufräumen! Ein Glück, daß ich das damals gelernt habe!« Er empfand im nachhinein diese Ordnungen als gut für sein späteres Leben. Lob ist der Antriebsmotor für die Seele. Wer vergißt zu loben, braucht sich nicht zu wundern, wenn allmählich alles schwerfälliger läuft. Die Psychologen sagen übrigens, daß eine negative Aussage erst von vier oder fünf positiven ausgeglichen wird. Beobachten wir uns einmal selbst! Ein Klaps ist wie ein Ausrufezeichen. Warten Sie nicht zu lange damit! Wenn man ein Kind anschreit, ist dies sehr viel schmerzlicher für seine Seele als solch ein Ausrufezeichen.

Seien Sie sich bewußt, besonders als Mutter, daß Sie nicht der Diener ihrer Kinder sind! Eine Mutter berichtete mir, daß sie 6 Jahre benötigte, bis sie sich bewußt wurde, in welche Haltung sie geraten war. Ihr Junge hatte aus Versehen ein Glas Saft umgestoßen. Sie war krank gewesen und dadurch noch etwas schwach. Als sie nicht gleich lief, um das Tuch zum Abwischen zu holen, schrie er sie an: »Jetzt mach aber, daß du das Tuch endlich beibringst!« Sie erschrak, weil sie immer versucht hatte, durch ihr eigenes Verhalten dem Kind Höflichkeit beizubringen.
Ein Kind will seine Grenzen wissen. Ingrid Trobisch sagte einmal zu mir: »Sei dir bewußt, daß du die Königin hier bist. Was du sagst, muß gelten.« Ihr Kind wird es Ihnen nicht danken, wenn Sie nur Opfer bringen. Es gerät dadurch vielmehr später in großen Druck. Planen Sie deshalb bewußt Freude für sich selbst ein! Bilden Sie sich weiter! Engagieren Sie ab und zu einen Babysitter und freuen Sie sich an einem guten Konzert! Unser Horizont und unser Selbstwert erweitern sich dadurch, daß wir uns mit etwas beschäftigen, das Bestätigung bringt – und dies kommt der Familie zugute.
Versuchen Sie nicht, in Ihrem Kind Ihre eigene Geschichte nachzuholen! Zwingen Sie es nicht in eine Rolle, die Sie selbst gerne gehabt hätten, weil Sie es auf diese Weise ständig überfordern! Ursprünglich hatte ich die Idee, meine Kinder müßten alle Abitur machen. Mittlerweile bin von dieser Ansicht abgekommen. Unsere Kinder haben – ihren Neigungen und Fähigkeiten entsprechend – die verschiedensten Berufswege eingeschlagen. Ein Mädchen ist jetzt im dritten Jahr einer Bäckerlehre, eine andere wird Erzieherin, ein Junge hat Abitur gemacht. Jedes Kind hat andere Gaben, die zur Entfaltung kommen sollen.
Lehren Sie Ihr Kind beten! Normalerweise sind Kinder sehr offen für Gott. Sie kennen noch nicht die ganzen Begrenzungen unseres Daseins und unsere Zweifel. Wenn Gott alles kann, so darf man ihn auch um alles bitten. Ich habe schon oft gestaunt, wie Gott solche Kindergebete erhört hat. Reden Sie mit dem Kind über Gott, denn es wird eine Zeit kommen, in der es nichts mehr darüber hören will. Als ich eines Abends über den dunklen Flur unserer Wohnung ging, hörte ich eines unserer Kleinen beten: »Herr Jesus, die Mama versteht mich nicht so recht, und

ich glaub', der Papa auch nicht. Aber du weißt, was ich meine.«
Es war gut, daß ich mitgehört hatte, so konnten wir am nächsten Tag die ganze Angelegenheit noch einmal durchsprechen. Und es machte mich sehr froh zu wissen, daß mein Kind um diese höhere Autorität wußte, der es sich anvertrauen konnte.

Das Kind darf erkennen: Selbst über meinen Eltern steht eine Autorität. Sie können nicht einfach tun, was sie gerade wollen. Und noch etwas: Gott ist mächtiger als meine Eltern. An ihn darf ich mich wenden, sogar wenn meine Eltern mich nicht verstehen. Deshalb gilt: Mit dem Kind über Gott reden, solange es dazu bereit ist. Und danach mit Gott über mein Kind reden. Auf diese Weise schließt sich der Kreis immer neu, nur jeweils von einer anderen Seite.

Eltern machen Fehler und häufig merkt es das Kind. Von der Art und Weise, wie wir Vergebung praktizieren, wird unser Kind lernen, was Vergebung heißt und was sich dadurch verändert. Scheuen wir uns nicht, unser Kind um Vergebung zu bitten, wenn wir uns falsch verhalten haben!

Für mich ist ebenfalls das Segnen sehr wichtig geworden. Es ist eine Kraft Gottes, die nicht erklärbar ist und die wunderbare Veränderung schaffen kann. »Segnet vielmehr, weil ihr dazu berufen seid, daß ihr den Segen ererbt«, heißt es in 1.Petrus 3,9. Ich habe entdeckt, wie Gott Blockaden zwischen meinem Kind und mir abbaute, als ich anfing, es zu segnen. Oft wich meine Ärgerlichkeit, und ich konnte es wieder annehmen.

Unsere Kinder werden trotz unserer Fehler groß. Mich tröstet das Gleichnis vom verlorenen Sohn (Lukas 15). Da bricht ein Junge aus der Familie aus, um sein Glück zu machen. Aber die Erinnerung an die Liebe seines Vaters treibt ihn schließlich wieder heim. Wir werden nicht alles richtig machen, und wir werden letztlich unsere Kinder nicht daran hindern können, ihre eigenen Wege zu gehen. Aber wir dürfen für sie beten. Und solange sie uns anvertraut sind und wir die Möglichkeit haben, sie durch Erziehung zu lenken, können wir in Anspruch nehmen, was uns in Jakobus 1 angeboten ist: »Wem Weisheit mangelt, der bitte darum!«

Neulich berichtete mir ein Vater, daß er von seiner Tochter eine Uhr geschenkt bekommen habe. Aber trotz aller Bemühungen

gelang es ihm nicht, diese Uhr umzustellen. Sie piepste jeden Morgen um 5 Uhr 30, lange bevor er aufstehen mußte. Zunächst ärgerte er sich sehr darüber. Dann aber nutzte er die Gelegenheit, um jeden Morgen für seine Tochter zu beten. Sie hatte ernste Probleme in der Schule. Nachdem er über längere Zeit gebetet hatte, begannen diese Probleme sich zu lösen. Das Beste, was wir für unsere Kinder tun können, ist, sie täglich vor Gott zu bringen.
Zum Schluß noch ein Satz einer afrikanischen Eheberaterin: »Kinder sind wie Gäste. Eines Tages kommen sie, geplant oder nicht. Und eines Tages werden sie gehen. Der Ehepartner aber bleibt!« Vernachlässigen Sie Ihren Ehepartner nicht zugunsten des Kindes! Arbeiten Sie an Ihrer Ehe! Das wird Ihrem Kind und Ihnen selbst zugute kommen – vor allem dann, wenn Ihre Kinder eines Tages das Nest verlassen.

ZUM NACHDENKEN: Welches Kind bereitet mir besondere Not? In welcher Weise könnte ich ihm zeigen, daß ich es trotzdem liebhabe?

GEBET: Vater im Himmel, ich fühle mich überfordert, diese Kinder richtig zu erziehen. Auch wenn ich mich bemühe, merke ich immer neu, wie schwer es ist, alles richtig zu machen. Bitte vergib mir, wo ich ungerecht und laut war. Hilf mir, daß ich Liebe und Konsequenz in der rechten Weise einsetzen lerne.

MERKE: Wichtiger als das Bemühen, alles richtig zu machen, ist, daß meine Kinder die Sicherheit spüren, mit der ich sie führe. Wir verlieren nichts dabei, wenn wir als Eltern unsere Kinder um Vergebung bitten, wenn wir etwas falsch gemacht haben.

38
»Wunder geschehen da, wo Wunden sind«

Dies las ich dieser Tage als Thema eines Vortrags. Die Verletzungen der letzten Tage fielen mir ein – die vielen Nöte, die Menschen mir mitgeteilt hatten, mit wehem Ausdruck im Gesicht. Traurigkeiten ihres Lebens, Enttäuschungen, Zurückgesetztsein, Unverstandensein.

- »Eigentlich war ich von Anfang an nicht gewollt, und das geht mir bis heute nach«, klagt eine Achtzehnjährige.
- »Noch nie hat mich jemand verstanden, und mein Mann, von dem ich erhofft hatte, er könnte es, enttäuscht mich tagtäglich noch mehr«, sagt die Ehefrau.
- »Für meine Kinder gehöre ich schon zum alten Eisen. Es ist so furchtbar schwer, sich mit ihnen auseinanderzusetzen«, erzählt die Mutter von halberwachsenen Kindern.
- »Ich habe eine schöne Wohnung, fahre ein Auto, habe einen guten Beruf, aber im tiefsten Grunde bin ich doch allein«, seufzt die ledige Frau.

Zu all dem Schweren, das der Alltag bringt, tragen viele noch die Last der Vergangenheit mit sich. Da sind Frauen, die mit einer früheren Abtreibung nicht fertig werden, andere, die ihr gestörtes Vaterverhältnis in die Ehe mitgenommen haben als Voreingenommensein gegen den eigenen Mann... man kann die Reihe beliebig fortsetzen. Jeder von uns trägt Wunden in sich, die gelegentlich sehr schmerzen. Besonders schwer ist es, wenn neuer Schmerz auf eine alte ähnliche Verletzung trifft. Und wir wünschen uns »schnelle« Wunder. Dann ist es nicht so anstrengend und langwierig, den Schmerz auszuhalten. Aber Gott mutet uns oft Wunder zu, die länger dauern. Er läßt den Prozeß der Veränderung zu, weil er uns dadurch zur Reife führen will. Eigenartigerweise geschahen die größten Wunder an sehr unangenehmen Orten: Gott wird Kind und wählt zu seinem Geburtsort ausgerechnet einen Stall. Jesus will uns erlösen und stirbt dabei an einem Kreuz, die Todesstrafe für die schwersten Verbrecher. Und all dies geschah zum Heilwerden unserer Wunden – *aller schrecklichen Wunden, die wir in uns tragen*. Golgatha, das heißt *Heilung* – Heilung für all die Wunden unserer Vergangenheit und Gegenwart.

Wie können wir mit Wunden umgehen? Es gibt Wunden, die mit der Zeit heilen. Es gibt aber solche, die den Arzt brauchen. Manche erfordern sogar eine Operation. Das Jammern darüber hilft nicht. Wir müssen einen Arzt aufsuchen, ihm unsere Schmerzen schildern und uns die Diagnose anhören. Möglicherweise wird er uns über längere Zeit ein Medikament verordnen. Was heißt das praktisch? Wir dürfen im Gebet dem Herrn all unsere Verletzungen sagen. Wenn wir merken, daß das Alte uns immer wieder einholt, uns in unserem Denken und Handeln blockiert, so ist es hilfreich, sich einem Seelsorger anzuvertrauen. Vielleicht kann er uns helfen, die Diagnose zu finden, und ein »Medikament« verordnen. Und es ist gut zu wissen, daß er gelegentlich nachfragt, ob es wirkt und ob man es einnimmt.

Eine Operation ist schmerzhaft. So kann es in uns wirken, wenn alte Schuld ans Licht soll. Aber letztlich ist »Buße ein fröhliches Geschäft«, wie Luther es ausdrückt. Gelegentlich geschieht es, daß ich mit Menschen ihr ganzes Leben durchgehe im Gebet. Wir beginnen in der Kindheit. Wenn meinem Gegenüber Verletzungen oder Schuld einfallen, so bringen wir sie miteinander vor das Kreuz Jesu. Wir setzen dieses Gebet fort, bis wir in der Gegenwart sind, und vertrauen dem Herrn ganz bewußt die Zukunft an. Viele Menschen berichten danach, daß sie sich von einer großen Last befreit fühlen.

Das Medikament heißt in der Folgezeit: *Vergebung*. Ich kann mir vergeben, weil Jesus für meine Schuld bezahlt hat. Und ich will den anderen vergeben, weil Jesus mich geheilt hat. Wenn ungute Gedanken an die jeweilige Situation kommen, darf ich im Glauben sagen: *Mir ist vergeben, und ich habe vergeben*. Dieser Prozeß braucht oft längere Zeit. Und gelegentlich sind weitere »Arztbesuche« notwendig, um neu die Bestätigung zu

bekommen, daß der große, himmlische Arzt mich angerührt hat und ich ihm mehr glauben darf als meinen Gefühlen.
Ja, *Wunder geschehen, wo Wunden sind*, jedoch müssen wir das Wunder *wollen*. Denn Wunder dieser Art sind anstrengend.

ZUM NACHDENKEN: Welche Erinnerungen wurden beim Lesen in mir wachgerufen? Welche alte »Geschichte« schmerzt mich immer noch, wenn ich darüber nachdenke? Wo ist unvergebene Schuld in meinem Leben? Wem trage ich noch etwas nach? Wen sollte ich um Vergebung bitten?

GEBET: Herr, ich bin gar nicht so sicher, ob ich in manchen Punkten meines Lebens Heilung will. Ich müßte nämlich Bitterkeit aufgeben. Auch die Gedanken an Rache müßte ich loslassen. Das ist nicht ganz einfach, Herr, weil ich so den Eindruck habe, der, der mir Schaden zugefügt hat, hätte gewonnen. Du aber willst Licht in mein Leben bringen, weil du weißt, daß Bitterkeit mir selbst noch viel mehr schadet als irgend jemandem sonst. Gib mir die Kraft zu vergeben.

MERKE: Festgehaltene Bitterkeit schadet am meisten mir selbst.

39
Die mittleren Jahre

Die Frau im Klimakterium

Seit einiger Zeit häufen sich meine grauen Haare, und hin und wieder höre ich die Bemerkung: »Ja, ja, nun werden Sie alt.« Während ich früher über solche Aussagen lächeln konnte, merke ich, wie nun eigenartige Gefühle in mir zu schwingen beginnen. Vieles andere verdichtet in mir die Annahme, daß ich in eine neue Lebensphase trete, die vielen Frauen vor mir schon Schwierigkeiten gemacht hat.

Dieses Jahr wurde ich 45 Jahre alt. Ich erinnere mich noch genau, welch eigenartige Gefühle ich hatte, als ich 40 wurde. Ist es das Bewußtsein der Vergänglichkeit, das einen so nachdenklich stimmt in der Erschütterung, wie schnell diese Zeit verflogen ist? Mit ziemlicher Sicherheit ist die Hälfte des Lebens, wenn nicht noch mehr, schon vorbei. Oder beginnt man zu erahnen, daß ein neuer Lebensabschnitt auf einen zukommt?

Je mehr ich mich mit dieser Frage beschäftige, um so mehr sprechen mich Frauen, die durch diese Lebensphase gehen, zu diesem Thema an. Da sind Aussagen wie: »ausgetrocknet wie eine Zitrone«, »wie von einer Dampfwalze überfahren«, »antriebslos«, »ewig müde«, »fühle mich ungeliebt und überflüssig«, »kann mich nicht annehmen mit den zusätzlichen Pfunden, die ich nicht loswerde«... Diese Gefühle gehen oft dem eigentlichen Klimakterium voraus. Sie sind sozusagen die Vorwehen der körperlichen Veränderung, die sich ganz allmählich im Körper vollzieht. Dieser Umbruch bringt bei vielen Frauen oft massive körperliche Beschwerden mit sich: Unwohlsein, Kopfschmerzen, Abgeschlagenheit, Hitzegefühle. Der ganze Zyklus der Frau verändert sich. Die Periodenabstände werden größer, weil es eben seltener oder gar nicht zum Eisprung kommt. Das Östrogen, man nennt es auch »den Stimmungsmacher der Frau«, spielt dabei eine große Rolle. Dieses nun abnehmende Hormon bewirkt häufig auch ein Trockenwerden der Scheide. Und während des körperlichen Zusammenkommens mit dem Mann kann dieses Trockensein zu Schmerzen führen und gelegentlich Juckreiz verursachen.

Ich schreibe dies nicht, um Angst einzuflößen. Manche Frauen leiden nicht besonders unter diesem Umbruch, andere in besonderem Maße. Es ist ähnlich wie bei Schwangerschaft und Geburt, die jede Frau sehr individuell erlebt. Weil diese Zeit häufig mit dem Weggehen der inzwischen erwachsenen Kinder zusammenfällt, werden viele Frauen depressiv. Die Lebensqualität geht deutlich zurück. Eine große Antriebslosigkeit hindert sie daran, auch nur kleinen Pflichten nachzukommen.

Es ist gut, darüber nachzudenken, was auf uns Frauen zukommt, und sich innerlich darauf vorzubereiten. Eine der Möglichkeiten besteht darin, schon wenn die Kinder größer werden, ein neues Betätigungsfeld zu suchen. Für viele Frauen liegt eine besondere Bestätigung darin, wenn sie anderen helfen können. Ein anderer Weg wäre, sich fortzubilden, um den Selbstwert bestätigt zu sehen. Ich persönlich bevorzuge Aktivitäten im künstlerischen Bereich (Malen, Töpfern oder Gedichte schreiben) oder im musischen Bereich beim Erlernen eines Instrumentes. Bleiben Sie nicht allein zu Hause! Der Austausch mit einem vertrauensvollen Menschen ist in dieser Zeit von großer Wichtigkeit. Durch das Mitteilen wird die Last leichter. Besonders hilfreich ist ein Gespräch mit jemandem, der in dieser Lebensphase ist – oder, noch besser, mit jemandem, der diese Zeit schon bewältigt hat.

Diese Phase des Umbruchs ist vergleichbar mit der Zeit der Pubertät. Man weiß nicht, wer man ist: Man ist nicht mehr, wer man war, und man ist noch nicht, was man werden wird. Diese Unsicherheit wirkt bedrohlich. Die eigenen Ängste spielen dann eine Rolle im Umfeld unserer Beziehungen. Häufig ist das Gefühl vorhanden, daß einen niemand versteht. Wir werden den anderen fremd – und auch sie uns. In der Ehe schmerzt dies am tiefsten, weil man selten das Verständnis erhält, das man sich erhofft.

Für den Ehepartner ist diese Zeit ebenfalls Neuland. Er muß lernen, daß die Negativgefühle der Frau nicht gegen ihn gerichtet sind, sondern eigentlich gegen sie selbst. Jetzt braucht sie ihren Mann mehr als zuvor. Meist fühlt er sich hilflos und an allem schuld, und zieht sich deshalb zurück. Leider steigt in dieser Zeit nach mehr als zwanzig Ehejahren die Zahl der Scheidungen. Viele Frauen berichten von der Zeit nach dieser schweren Lebensphase als von einer »Zeit der Gnade zum Neuanfang«. Sie sprechen davon, daß wir Frauen noch einmal eine wunderbare Chance bekommen, unser Leben von Grund auf neu zu gestalten, andere Werte zu setzen, sich auf andere Weise zu orientieren. Diese Hoffnung darf alle tragen, die am Beginn oder in der Mitte dieses Prozesses stehen. Und weiter darf uns das Wissen erfüllen, daß, wenn Gott uns Frauen das Klimakterium zumutet, er uns etwas besonders Kostbares danach schenken will.

ZUM NACHDENKEN: Was für Befürchtungen verbinde ich mit dem Klimakterium? Welche Aufgaben sollte ich abgeben, um mich nicht ständig zu überfordern? Was könnte ich als Freude in mein Leben hineinbringen?

GEBET: Herr, eigentlich wäre es mir lieber, wenn mir diese Lebensphase erspart bliebe. Du weißt, ich bin nicht der Typ, der gerne leidet oder Unangenehmes in Angriff nimmt. Aber wenn du uns Frauen zumutest, durch diese Zeit zu gehen, will ich dir zutrauen, daß du mich gut hindurchbringst – und noch mehr, daß du mir etwas ganz Neues schenken willst. Danke.

MERKE: Bewältigen heißt nicht, die Last abschütteln, sondern sie an den richtigen Platz tragen.
Für den Ehemann! Jetzt braucht Sie Ihre Frau in besonderer Weise. Ziehen Sie sich nicht zurück. Versuchen Sie, ihr liebevoll zuzuhören! Sie brauchen nicht alles zu verstehen. Geben Sie ihr einfach das Gefühl, daß Sie für sie da sind.

40
Vom Älterwerden

Wir kommen auf die Welt und werden älter. Das ist der normale Gang des Lebens. Die erste Phase des Älterwerdens macht aus dem Baby ein Kleinkind, ein Teenager löst das Kind ab, und der Achtzehnjährige zeigt die Vollreife körperlicher Möglichkeiten. Wer könnte sich nicht daran erinnern, welche Gefühle er hatte, als er volljährig wurde? Die Lebenszeit danach schenkt uns die Möglichkeit, durch Erfahrungen positiver und negativer Art Reife hinzuzugewinnen. Dabei werden wir manches verwerfen, was uns als Jugendlicher erstrebenswert schien.

Aber eine weitere Lebensphase schließt sich an. In ihr erfahren wir mehr als zuvor unsere eigenen Grenzen. In der Regel sind wir anfälliger für Krankheiten. Die Treppen nehmen wir nicht mehr mit Schwung, sondern in Abschnitten. Alles, was uns mitgegeben ist, muß mehr gepflegt werden: Zähne, Haare, Haut, Gedächtnis, Gesundheit... und so manches Wehwehchen, worüber wir früher schmunzelten, stellt sich jetzt ein. Dies ist jedoch nicht der einzige Preis des Älterwerdens. Es kommen noch schmerzliche Verluste hinzu. Menschen, die uns vertraut waren, sterben. Ein Platz bleibt leer, mehr Plätze bleiben leer... viele Plätze bleiben leer. Und am schmerzlichsten ist es, wenn der uns Vertrauteste von unserer Seite weicht und in die Erde gebettet wird. Diesen schweren Verlust erleben mehr Ehefrauen als Männer, da die Lebenserwartung der Frau um einige Jahre höher als die des Mannes ist.

Man sagt, das Alter mache uns weise. Aber leider ist das nicht alles. Es macht uns ungeduldiger, unachtsamer, manchmal sogar härter – und das bekommen die am meisten zu spüren, die uns am nächsten stehen. Oft werden unsere Erwartungen dem Nächsten gegenüber größer, weil wir selbst weniger Kraft ha-

ben. Wir möchten aufgefangen werden, entdecken aber, daß es der andere nicht kann oder tut. Ja, noch mehr, daß auch er Erwartungen an uns hat. Diese gegenseitig enttäuschten Erwartungen blockieren oft das gute Miteinander.
Vor einiger Zeit bekam ich den Brief einer sehr lieben, langjährigen Mitarbeiterin unseres französischen Rundbriefes. Sie bat mich darum, einige ihrer Gedanken weiterzugeben. Ich verbinde sie mit vielen anderen Briefen, die ich von älteren Menschen erhalten habe: »Nie habe ich gewußt, wie sehr ich an meinem Mann hing als jetzt, da er tot ist. Ich war so ungehalten, wenn er mich des öfteren das gleiche fragte. Manchmal war ich richtig wütend auf seine Fragerei – jetzt fragt mich selten jemand etwas. Wie gerne, wie anders würde ich ihm heute antworten! Wie ärgerlich war ich auf ihn, wenn er etwas verlegte – jetzt schäme ich mich, daß ich ihm mit meiner Ungehaltenheit das Leben schwermachte. Ich stöhnte, weil er schnarchte, und machte ihm am Morgen Vorhaltungen, daß ich nachts nicht schlafen konnte – heute liege ich wach und lausche auf das vertraute Geräusch, das mir fehlt, und fühle mich entsetzlich einsam. Es ärgerte mich, wenn wir beim Einkaufen nicht vorwärtskamen, weil er so langsam war – nun gehe ich alleine einkaufen und frage mich, für wen ich kochen soll.«
Diese Aussagen könnte man beliebig fortsetzen. Leider erkennen wir oft erst, was der andere uns bedeutet, wenn er nicht mehr da ist. Wie viel sorgfältiger sollten wir deshalb unser Zusammensein pflegen und auf die kleinen Dinge achten, mit denen wir dem anderen sein Leben verschönern, solange er noch lebt. Denn am Grab werden wir uns weniger fragen: Bin ich genug geliebt worden? Wir werden eher traurig die Bilanz ziehen: Ich habe zu wenig geliebt.

ZUM NACHDENKEN: Was fällt mir an meinem Partner besonders schwer? Habe ich Hoffnung, daß sich dies noch ändert? Wenn nicht, habe ich den Mut, ihn mit seinen Schwachpunkten anzunehmen und sie nicht ständig zu kritisieren? Wo fühle ich mich am wenigsten von ihm verstanden? Habe ich ihm dies schon einmal gesagt, ohne Vorwurf? Welches kleine Zeichen könnte ich heute setzen, um ihm zu zeigen, daß er mir wichtig ist?

GEBET: Herr, öffne mir die Augen dafür, wer der andere neben mir ist. Nimm mir den Blick der Kritik und gib mir einen Blick der Liebe. Schenk mir das Erkennen, wo ich schuldig werde durch meine Ungeduld und meine ständigen Erwartungen. Beschenke du mich mit deiner Barmherzigkeit, damit ich satt werde bei dir und übrig habe zu teilen. Laß mich für meinen Partner zu dem Menschen werden, an dem er dich erfahren kann.

MERKE: Barmherzigsein heißt: Jemandem sein Herz zuwenden, der es nicht verdient hat.

41
Höflichkeit und Respekt

»Bei irgend jemandem muß er sich ja abreagieren«, erklärte mir eine Frau entschuldigend. Sie wollte mich damit wissen lassen, daß sie ihren Mann in seinen gelegentlich rauhen Reaktionen verstehen konnte. Je länger wir einander kennen, um so mehr wissen wir voneinander. Dies schafft eine Vertrautheit, die wir mögen. Auf der anderen Seite bewirkt dieses Einander-Kennen ebenso, daß Konflikte entstehen. Die Frau ärgert sich darüber, daß ihr Mann seine Kleider überall herumliegen läßt. Und den Mann stört es gewaltig, daß die Frau die Tuben, sei es Zahnpasta oder Klebstoff, grundsätzlich in der Mitte auszudrücken anfängt. Er schimpft über alles, was ihn stört, und sie macht sich nicht einmal die Mühe, ihn zu begrüßen, wenn er nach Hause kommt.

Würden wir uns bei Fremden so benehmen? Sicher nicht! Sogar dem Briefträger gegenüber wären wir freundlicher, und noch mehr bei Menschen, auf die wir angewiesen sind oder die wir schätzen. Wir möchten bei dem anderen in guter Erinnerung bleiben. *Höflichkeit, Respekt und Bewunderung* sind Umgangsformen, die wir neu erlernen müssen im Zusammensein mit Menschen, die uns besonders gut kennen. Wir sollten uns wieder die Mühe machen, ihnen ein »angenehmer Geruch« zu sein. Beobachten Sie Kinder im Teenageralter. Wie sie sich zurechtmachen, bevor sie aus dem Haus gehen! Vielleicht tun wir das auch. Aber wann haben wir uns das letzte Mal für unseren Ehepartner schön gemacht? Und warum tun wir es jetzt nicht wieder, selbst wenn er uns dann nicht so bewundert?

»Ich wünschte mir so sehr, daß sie ein Bad nimmt, bevor wir miteinander schlafen«, bringt er als Klage hervor. Und sie antwortet frustriert: »Wenn er doch nicht einfach mit Unterhose im

Bett liegen würde.« Das alles kann anders sein. Doch wir müssen diese Dinge aussprechen lernen. Und was unserem Partner wichtig ist, muß es für uns werden. *Höflichkeit* heißt : Ich mache dem anderen den Hof. Ich gebe ihm das, was ihm angenehm ist. Dies mag zunächst nur formal sein. Aber schon dies ist erholsam. Wie eine Bekannte von mir nach einer Japanreise äußerte: »Sicher kommt die Höflichkeit der Japaner nicht immer aus ihrem tiefsten Herzen, aber sie ist so wohltuend.« *Respekt* geht noch weiter: Ich akzeptiere, daß der Partner eine gegenteilige Meinung zu der meinen hat. Ohne Vorwurf kann ich ihm Wünsche erfüllen, ohne deren Notwendigkeit zu erkennen. Respekt heißt Achtung vor der Andersartigkeit meines Gegenübers. Es heißt: Hier möchte jemand von mir ernst genommen werden. Bei *Höflichkeit* bleibt ein Freiraum zwischen uns, der uns hindert, einander zu verletzen. Bei Respekt überwinde ich diesen Freiraum durch den Einsatz meines Willens. Ein letztes, noch weiteres Feld bleibt. Es ist die Bewunderung.

Bewunderung heißt nicht nur die Annahme des anderen in seiner andersartigen Persönlichkeit. Es meint: Ich sehe im anderen die Originalität, die Gott ihm geschenkt hat. Zwar sehe ich immer noch seine Fehler, doch ich hebe seine Stärken hervor. Ich halte mich nicht an seinen Schwächen auf. Wie man einen Menschen auf Dauer behandelt, so wird er sich fühlen. Behandle ich ihn mit Höflichkeit, wird er dadurch lernen, wie er selbst höflich sein kann. Behandle ich ihn mit Respekt, wird er dadurch wissen, daß mir seine Meinung wichtig ist. Behandle ich ihn mit Bewunderung, wird er dadurch erfahren, daß er mir wertvoll ist. Behandle ich ihn aber mit ständiger Nörgelei, Unzufriedenheit und Unfreundlichkeit, wird sich das Gefühl von Minderwertigkeit immer tiefer in ihn einprägen. Möglicherweise wird er sich andere Menschen suchen, um bessere Erfahrungen zu sammeln. *Die Frucht meines Verhaltens wird mir in den Schoß fallen.*

Alle drei Begriffe: *Höflichkeit, Respekt und Bewunderung* sind in dem Vers aus Philipper 2,3 zusammengefaßt: »Achte einer den anderen höher als sich selbst.« Hier wird nicht von den Voraussetzungen gesprochen, die der andere haben muß, um höher geachtet zu werden. Höher achten meint nicht, alle seine Wünsche zu erfüllen. Ebenso sagt es nichts darüber aus, daß ich mich übervorteilen lassen muß. Es meint meine grundsätzliche Einstellung, mit der ich dem anderen gegenübertrete. Mit einem Satz ausgedrückt: *Ich will im anderen das Bild Gottes entdekken.* Ich wünsche Ihnen die Kraft zum Umlernen: Die Disziplin zur *Höflichkeit*, den Mut zum *Respekt* und den Prozeß, dem anderen *Bewunderung* zu schenken, indem Sie das Bild Gottes in ihm entdecken. Nehmen Sie als tägliche Übung für Ihr Leben, was Augustin so trefflich formulierte, als er darüber sprach, wie Gott mit Menschen umgeht: »Gott liebt uns nicht, weil wir so liebenswert sind, sondern wir sind liebenswert, weil er uns liebt.«

ZUM NACHDENKEN: Bei welchen Menschen fällt es mir leicht, höflich zu sein? Welche Menschen reizen mich dazu, unhöflich zu sein? Was ärgert mich am meisten im Umgang mit mir gut vertrauten Menschen? Und warum? Wie gehe ich mit Menschen um, die mich verletzen? Bei wem bin ich am ehesten geneigt, meine Spannungen an ihm zu entladen?

GEBET: Herr, wenn es die am meisten brauchen, daß ich gut zu ihnen bin, die es am wenigsten verdient haben, dann kapituliere ich. Das bringe ich nicht fertig. Meine Gefühle sind manchmal stärker als mein Wollen. Je mehr ich die Menschen kenne, um so schwerer fällt es mir oft, sie anzunehmen. Du aber kennst mich und nimmst mich trotzdem an. Schenk mir, daß ich mit deinen Augen sehen lerne, und gib mir die Kraft so zu handeln, wie ich es als richtig erkannt habe.

MERKE: Mein Ehepartner muß mein vornehmster Gast werden.

42
Habe ich mich angenommen?

Frauen haben oft größere Probleme, sich selbst anzunehmen, als vergleichsweise Männer. Sicher spielt es bei der Frau, die Mutter ist, oft eine Rolle, daß sie sich nicht so profilieren kann, wie es dem Mann durch seinen Beruf möglich ist. Außerdem ist die Frau als Mutter in unserer Gesellschaft leicht in Gefahr als »dumm« dazustehen, weil sie sich den Kindern widmet. Kinder machen angeblich unfrei, hindern die Frau daran, sich zu entfalten, und kosten Geld. Meist liegt der mangelnde Selbstwert eines Menschen aber in einer tieferen Schicht. Die Bedeutung der frühkindlichen Erlebnisse ist prägend. Die dort erfahrene Liebe ist ausschlaggebend für die spätere Fähigkeit, sich selbst anzunehmen. Nur wer Liebe an sich erfahren hat, ist fähig zu lieben. Und wer liebt, wird entdecken, daß ihm Liebe zuteil wird.

Häufig fehlt dieses Gefühl des Angenommenwerdens in der Kindheit, wenn Eltern egoistisch, zu sehr um ihre eigenen Sorgen kreisend oder einfach unreif sind. Das daraus folgende Defizit wirkt sich auf das Kind, je älter es wird, negativ aus. Es bekommt zunehmend Probleme mit seiner Umwelt. Damit schließt sich ein trauriger Kreislauf: Weil es nicht geliebt wird, kann es nicht lieben. Und weil es andere nicht liebt, wird es nicht geliebt. Gibt es überhaupt einen Ausweg aus diesem Dilemma? Ja! Gott liebt uns mit unendlicher Liebe. Wenn unsere Eltern an uns versagt haben, ist er für uns da. Er kannte uns, noch bevor er uns im Leib unserer Mutter bereitete (nachzulesen bei Jer. 1,5). Das bedeutet, daß er uns gewollt hat, selbst wenn wir menschlich nicht gewollt waren. Die Unterbrechung dieses Kreislaufs beginnt damit, daß ich die Liebe Gottes bewußt für mein Leben annehme. Ich darf auf Entdeckungsreise gehen und sehen, welche Gaben Gott in mein Leben gelegt hat.

Dabei brauche ich mich nicht mit anderen Menschen zu vergleichen. Die Selbstannahme ist ein Lernprozeß, der mit dem Danken beginnt.
Ich habe als Mutter eine wichtige Aufgabe, selbst wenn sie nicht immer anerkannt wird: Mütter prägen die Zukunft mit den Kindern, die ihnen anvertraut sind. Mütter sind Teilhaber an Gottes Schöpfung. Ich darf mir Freude gönnen, und zwar mitten im Alltag, sogar wenn noch nicht alle Aufgaben erledigt sind. Freude ist der Motor meiner Seele. Wir brauchen immer etwas, worauf wir uns freuen, weil uns das aus dem Grau des Alltags hebt. Wenn ich Dinge zum Guten hin verändern kann, soll ich dafür alles einsetzen. Wenn ich Dinge nicht verändern kann, darf ich Gott darum bitten, daß er mir die Kraft zum Tragen schenkt.

ZUM NACHDENKEN: Welches sind meine ersten Kindheitserinnerungen? Was für Gefühle habe ich, wenn ich mit anderen Menschen zusammen bin? Welche Schwachpunkte sehe ich in meinem Leben? Wie gehe ich damit um? Habe ich ja gesagt zu meinem Aussehen, meinem Alter, meinem Frausein?

GEBET: Wenn ich darüber nachdenke, daß du, Vater im Himmel, dir ausgedacht hast, mich zu erschaffen, frage ich mich warum? Ist an mir wirklich etwas, das dir nützen könnte? Wie könntest du mich gebrauchen? Manchmal fühle ich mich so überflüssig. Und mitten hinein läßt du mich wissen, daß ich dir wertvoll bin. Du sagst mir, daß ich dein Gegenüber sein darf, ohne daß ich etwas »bringe« oder ohne daß ich stark, schön oder nützlich sein muß. Du willst nicht mehr als mein Ja auf deine Anfrage, ob ich dein Kind sein will. Herr, ist das wahr? Herr, ich will. Ich will mich fallenlassen in den Ozean deiner Liebe und heil werden bei dir.

MERKE: Wer sich auf Menschen verläßt, ist oft verlassen. Wer sich aber auf Gott verläßt, hat den auf seiner Seite, der Himmel und Erde gemacht hat. »Seht, welch eine Liebe hat uns der Vater erwiesen, daß wir Gottes Kinder heißen sollen – und wir sind es auch« (1. Johannes 3,1).

43
Gedanken über Schönheit

Zu diesem Thema sollte ich einen Vortrag halten. Ich fragte zu Hause meine Kinder: »Was fällt euch beim Wort Schönheit ein?« »Eine schöne Puppe«, antworteten meine kleineren Kinder, »mit einem Ballettkleid an.« Den Jungen fiel spontan bei Schönheit ein völlig durchdachtes Flugzeugmodell ein, und die zwei »Damen«, die gerade in der Pubertät sind, erklärten mir, daß Schönheit zuallererst etwas mit Aussehen zu tun hätte.
Es gibt Menschen, die man beim ersten Blick als schön empfindet. Diese Menschen finden meist in der Gesellschaft schneller Anschluß, haben schneller Freunde. Diese Menschen brauchen oft keine besondere Anstrengung dafür einzubringen, begehrt zu sein. Es ist eigenartig, daß durch die ihnen entgegengebrachte Zuneigung sie selbst oft fähig sind, liebenswert zu sein. Aber es kann genau umgekehrt sein. Da sie keinen Einsatz bringen müssen, sind sie oft launisch und egoistisch. Die äußere Schönheit ist wohl beeindruckend, aber das Wesen dieser Menschen kann so abstoßend wirken, daß die Schönheit nicht mehr als schön empfunden wird.
Die Schönheit eines Menschen muß aus seinem Inneren strahlen. Von dort kann nur kommen, was drinnen ist. Wie sehen wir uns eigentlich selbst? Was gefällt uns und was mögen wir nicht an uns? Und ebenso wichtig: Von wem wissen wir, was an uns gut oder nicht so gut ist, daß wir etwas können oder aber in etwas anderem nicht so begabt sind? Unser ganzes Denken ist geprägt davon, was andere uns über uns selbst wissen lassen. Oft fügen wir uns in dieses Bild und übernehmen es. Oder kämpfen wir dagegen und wissen doch, daß der andere recht hat.
Was ist Schönheit? Besonders die Frau ist durch die Jahrhunderte hindurch gefordert worden, sich anzupassen. Von der eher

etwas pummeligen Frau (dies zeigte einen gewissen Wohlstand) ließ sie sich prägen bis hin zu der Frau, die kurz vor dem Verhungern alle weiblichen Formen verneinte. Und unser heutiges Idealbild schreibt vor: Lange Beine, schlank, viel Busen und nicht allzuviel Po. Vom Bild der perfekten Hausfrau kam man schließlich zur Karrierefrau, die Macht und Geld besitzt.
Was ist Schönheit? Ist sie ausschlaggebend, um seinen Platz im Leben rechtfertigen zu können? Der Psalmist sagt in Psalm 139,14: »Ich danke dir dafür, daß ich wunderbar gemacht bin.« Er erkennt sein Leben als eine wunderbare Gabe, unabhängig von den Zeiterscheinungen, die Schönheit an eine bestimmte Form binden will. Damit ist jeder Mensch einzigartig und schön von Gott bereitet. Zu dem Propheten Jeremia spricht Gott schon 500 Jahre vor Christi Geburt und läßt ihn wissen: »Noch bevor ich dich in deiner Mutter Leib bereitete, kannte ich dich.« Das bedeutet für jeden von uns: »Ich bin wichtig, sonst hätte Gott mich nicht erschaffen.« Damit bekommt Schönheit eine andere Dimension. Mein Wert hängt nicht mehr von einer Zeiterscheinung ab. Ich bin schön, weil Gott mich mit Liebe erschaffen hat. Diese Liebe ist unabhängig von der Planung meiner Eltern, unabhängig von ihrem Einverständnis, ob der Zeitpunkt meiner Geburt für sie günstig oder ungünstig, geplant oder überraschend kam. Meine Aufgabe besteht darin, das »Ja« zu Gottes Gabe zu finden. Das heißt: Ich darf schmücken, was er mir gegeben hat. Ich darf unterstreichen, was ich an mir annehmen kann. Ich darf mir eine persönliche Note geben, um ihm meinen Dank damit auszudrücken. Ich darf mir zur Aufgabe machen, zu entdecken, was Gott mir anvertraut hat. Ich brauche mich nicht an dem aufhalten, was ich nicht kann, sondern ausschöpfen, was ich an Möglichkeiten habe. Dieses innere Wissen über meine Stärken strahlt als Glanz aus mir heraus, nicht als Überheblichkeit oder Stolz. Überheblichkeit und Stolz sind Mauern, die gebaut wurden, um Ängstlichkeit zu verbergen. Wer ein mutiges Ja zu seinen Schwächen sagt, wird frei, vom anderen dabei entdeckt zu werden, schwach zu sein. Wer sich annimmt in seinem Sosein wird zur Veränderung fähig. Kommen wir doch weg von den vielen Erwartungen an uns selbst. Oft erwarten wir mehr von uns als Gott. Und genau das macht uns unfrei und

verkrampft. Gott selbst ist Ursprung aller Schönheit. Je mehr wir ihn in uns hineinlassen, umso mehr kann seine Schönheit durch uns strahlen. Und die ist nicht abhängig von Zeiterscheinungen, ebenso wie in unseren Tagen ein prächtiger Sonnenuntergang immer noch so erquickend empfunden wird wie vor Tausenden von Jahren.
Lernen wir uns selbst mit den Augen der Liebe Gottes sehen. Sie verändert uns in sein Bild.

ZUM NACHDENKEN: Was empfinde ich als schön bei mir? Woher weiß ich das? Welches sind meine Schwachpunkte? Welche Gaben habe ich?

GEBET: Du hast mich wunderbar gemacht, Herr. Ich kann das kaum begreifen. So vieles gefällt mir gar nicht an mir. Ich sehe weniger das Wunderbare als all das, was ich gerne verändert hätte, angefangen bei meiner Nase... Ich kann dich nur bitten, Herr: Gib mir den richtigen Blick. Laß mich Ja sagen lernen zu dem, wie du mich geschaffen hast. Wohne du in mir, damit deine Schönheit aus mir herausstrahlen kann.

MERKE: Äußerliche Schönheit ist abhängig von Modeerscheinungen und vergänglich. Wirkliche Schönheit strahlt von innen.

44
Mutterleib – »Urhöhle« oder »Todeszelle«?

Der Mutterleib gilt gemeinhin als der Inbegriff der Geborgenheit und des beschützten, ungestörten Heranwachsens. Hier erfährt der Mensch seine ersten Prägungen psychischer und kommunikativer Art. Die Urhöhle – die Gebärmutter – ist der Ort ersten Lernens und Erfahrens, nachdem sie zuvor schon der Ort der Einnistung und des harmonischen Wachstums war. Für viele Kinder wird es aber kein gesundes Verlassen dieser Geborgenheit spendenden Höhle geben, freudig erwartet von einer glücklichen Mutter und einem liebevollen Vater. Für viele wird der Uterus zur Todeszelle. Ihre Hinrichtung ist beschlossen! Keine Gnade, keine Chance wird ihnen eingeräumt. Sie werden schlimmer behandelt als ein rechtskräftig verurteilter Verbrecher. Dabei sind sie unschuldig, können nichts für Ihr Existieren. Ein UNO-Bericht besagt, daß jeden Tag auf der Erde 120 000 Kinder im Mutterleib ermordet werden. Das Perfide daran ist, daß in vielen »zivilisierten« Ländern diese Morde legalisiert sind. Mit Parlamentsbeschlüssen wird gegen Gottes Gebot Front gemacht, das in 2. Mose 20,13 und 5. Mose 5,17 sagt: »Du sollst nicht töten«. Schwangerschaft ist für jede Frau ein körperlicher und psychischer Einbruch in ihr Leben. Nicht nur Hormone verändern sich. Das ganze Denken wird sensibler; weniger Belastbarkeit in allen Lebensbereichen nimmt oft den Überblick. Dabei sind die ersten drei Monate meist die schwersten. Die Vorstellung, für einen neuen Menschen Verantwortung zu übernehmen, empfinden viele als eine Überforderung. Gerade in diese Zeit fällt die scheinbare Lösung, sich von diesem begonnenen Leben wieder zu trennen, indem man es abtreibt. Doch Abtreibung ist keine Lösung. Ich habe bei keiner Frau, die dies hinter sich hat, Erleichterung gefunden. Meist hält die Zeit, es als Lösung zu betrachten, nur sehr kurz an. Oft ist die

Frau nach Jahren (und Jahrzehnten!!) nicht fähig, dieses Erlebnis zu verarbeiten. Wenn werdende Mütter mir ihre Notlage schildern (sie sind häufig wirklich in einer schlimmen Situation), so bitte ich sie, dieses Kind zur Welt zu bringen, auch um ihrer selbst willen. Ein abgetötetes Kind ist keine Lösung irgendeiner Lage. Es fügt nur furchtbare Not hinzu.

ZUM NACHDENKEN: Wer ist in meinem Bekanntenkreis schwanger? Wie könnte ich diese Frau ermutigen, ihr eine Freude bereiten, mithelfen, damit ihr diese Schwangerschaft leichter fällt? Wenn Gott uns ein Kind anvertrauen würde, obwohl es von uns nicht geplant wäre, wie würde ich reagieren? Was empfinde ich bei dem Gedanken an eine Schwangerschaft?

GEBET: Herr, in unserer Gesellschaft sind Kinder nicht sehr gefragt. Sie werden als Hindernis bei der Entfaltung der eigenen Persönlichkeit empfunden. Und ich merke selbst, wie es mir manchmal schwerfällt, mit unseren Kindern zu leben, wenn sie durch eine schwierige Phase gehen. Lehre mich, daß ein Kind das größte ist, was du mir anvertrauen könntest.

MERKE: Wir brauchen keine besseren Verhütungsmittel, sondern eine andere Einstellung zu Kindern.

45
Brief an die werdende Mutter

Früher fragte ich mich bei jeder Schwangerschaft: »Traue ich mir überhaupt noch ein Kind zu?« Die ersten Monate bringen nicht nur eine Veränderung im ganzen Körper mit sich, sondern führen zusätzlich zu einer psychischen Labilität. Ratschläge gut meinender Freunde fallen einem ein und, falls man schon ein Kind hat, kommt die Erinnerung an schlaflose Nächte dazu. Man fühlt sich unfähig, dies alles noch einmal durchzumachen, wenngleich man das Kind niemals wieder verlieren wollte, das schon geboren ist. Gott gab mir die Gnade, immer neu ein Ja zu finden. Obwohl ich oft den Eindruck hatte, es ginge über meine Kraft, obwohl wir beengt wohnten, obwohl wir manchmal nur das Notwendigste hatten, obwohl ich gesundheitsmäßig manchmal litt. Ich habe im Moment der Schwangerschaft nicht begriffen, warum Gott sich dies gerade jetzt ausgedacht hat. Aber im nachhinein kann ich nur sagen, daß jedes Kind mir zum Segen wurde. Heute stellt sich mir viel mehr die Frage: Wie ist es möglich, daß Gott mir noch ein Kind zutraut? Traut er mir, uns wirklich zu, solche kleinen Menschen schließlich zu selbständigen Persönlichkeiten zu erziehen?
Mit jedem Kind tauche ich mehr unter die Oberfläche des Lebens, erahne mehr von den Zusammenhängen zwischen der sichtbaren und unsichtbaren Welt, spüre etwas von der unfaßbaren Liebe Gottes. Jedes Kind fordert mich heraus, an mir selbst zu arbeiten, zeigt mir meine Grenzen, öffnet mir die Augen meiner Belastbarkeit. Durch jedes Kind werde ich zur Lernenden, was dessen Seele betrifft, und zur Lernenden über mein eigenes Menschsein. Je größer meine Hilflosigkeit mir vor Augen steht, um so mehr treibt mich das ins Gebet und um so mehr erfahre ich Gottes Wirklichkeit. Ich wachse über mich hinaus und

staune. Niemals hätte ich mir zehn Kinder zugetraut. Ich weiß etwas vom Segen und möchte es so formulieren: Segen ist nicht faßbar. Man erfährt ihn im Alltag fast auf selbstverständliche Weise, indem die Kraft da ist, die man braucht. Und man beginnt sich erst zu wundern, woher man die Kraft hatte, wenn die Aufgabe erledigt ist. Ich kann nur danken und staunen und mich freuen über all das, was Gott an mir verändert hat, seit ich Kinder habe. Kinder sind wie ein Spiegel unserer Fähigkeiten und Fehler!
Ich möchte Ihnen zu diesem Kind Mut machen! Trauen Sie Gott zu, daß es sein Werk in Ihnen ist. Und was er gibt, dazu gibt er die Kraft. Es ist kein Versehen, daß Sie ein Kind erwarten. Gott will dieses Kind. Und er will Sie als Mutter, nicht irgendeine Mutter. Er meint, daß dieses Kind als Ihr Kind den richtigen Platz nur bei Ihnen hat. Bitte, sagen Sie Ja! Vielleicht haben Sie ein oder gar zwei Kinder. Sind es schon drei? Sie haben Angst, daß die anderen Kinder zu kurz kommen. Mit Sicherheit muß sich jeder mehr einschränken. Doch das kommt später einer Partnerschaft nur zugute. Die Liebe einer Mutter verringert sich übrigens nicht, sie vervielfältigt sich, wie das Maria Theresia, Königin von Österreich ausdrückte. Sie hatte 16 Kinder. Dies kann ich aus eigener Erfahrung nur unterstreichen. Und der Ehemann? Welche Rolle spielt er in solch einem »Kinderheim«? Er braucht den ersten Platz im Herzen seiner Frau. Denn Kinder sind und bleiben immer nur Gäste: Sie kommen und werden gehen. Der Ehemann bleibt. Wenn er das Wichtigste für die Frau ist, wird die Familie im Gleichgewicht sein. Und ich selbst? Ob ich nicht an den ganzen Aufgaben verzweifle? Zugegeben, ich bin nicht immer nur vergnügt. Doch wer ist das? Noch bin ich eine Lernende. Es ist wichtig für mich, daß ich immer neue Punkte der Freude in meinem Leben setze: Ich lerne ein Instrument spielen, nehme an einem Malkurs teil, schreibe an einem Buch. All dies kann ich nicht intensiv betreiben, doch ich freue mich von Herzen daran. Für einen anderen kann es Häkeln, Stricken, Briefeschreiben sein. Wichtig ist, daß man sich dies gönnt, ohne dafür Zeit zu haben. Das heißt: daß man nicht von sich fordert, vorher mit aller notwendigen Arbeit fertig zu sein. Das gibt Schwung, an die übrigen

Aufgaben mit Freude zu gehen. Haben Sie Mut zu diesem neuen Kind. Ich wünsche Ihnen die gute Erfahrung, die ich immer neu machte. Folgende Gedanken dazu schrieb ich vor einiger Zeit nieder:

Begegnung
lang ersehnt -
nun bist du geboren!
Kleines, ich schaue dich an.
Seh' dich und seh'dich doch nicht,
denn leuchtend bist du verklärt:
Spür' an dir die Hände des Schöpfers,
der wunderbar dich bereitet.
Tief drinnen wächst ein Erahnen,
mein Fühlen geht über Verstehen ...
Himmel und Erde verschmelzen.
Für Momente bin ich entrückt,
mein Erdgebundensein los.
Ich fasse den Saum seines Kleides.
Ein Jauchzen erfaßt mich,
ein Jubeln und tiefes Begreifen:
Einmalig groß bist du,
alles umfassend, gewaltig, ewig und einzig und endlos,
von Anbeginn Licht und liebend.
Deine Hand hat mich berührt!
Ich lobe und preise und singe, lache und weine und lebe, weil du, Herr, dich mit mir verbündet.
Dieses Kind wird mir Anstoß zum Jubel, weil du als mein Herr mir begegnest.

Ich schreibe Ihnen noch ein paar Gedanken zum Nachdenken dazu. Und ich will Sie wissen lassen, daß ich mich herzlich auf Ihr Kind freue.

ZUM NACHDENKEN: Welche Menschen hindern mich daran, mich auf dieses Kind zu freuen? Welche Befürchtungen verbinde ich mit dieser Schwangerschaft? Welche Gedanken verbinde ich bei dem Kind mit unserer finanziellen Situation, meiner eigenen Belastbarkeit, meiner Möglichkeit zur Entfaltung, meiner Ehe oder meinem Alleinsein?

GEBET: Es ist mir nicht ganz begreiflich, Herr, daß du es gerade jetzt zugelassen hast, daß ich ein Kind empfangen habe. Ich fühle mich damit überfordert. Wenn ich schon mit mir selbst nicht fertig werde, wie soll ich noch mit einem Kind zurechtkommen? Aber Herr, weil du dieses Kind willst, weil du meinst, daß ich die Mutter sein soll, deshalb will ich Ja sagen. Ich sage ja im Vertrauen darauf, daß du mir die Kraft schenken wirst, die ich jeweils brauche. Ich will dir vertrauen.

MERKE: Kinder sind Gaben Gottes, auch wenn wir nicht begreifen, warum gerade wir diese Gaben zum jetzigen Zeitpunkt in Empfang nehmen sollen. Kinder sind das Größte, das Gott uns schenken kann. Denn sie kommen direkt von Gott, indem sie den kleinen Umweg über den Schoß der Mutter nehmen.

46
An mein Kind

Mein Kleines,
mit wieviel Sehnsucht habe ich dich erwartet! Wenn ich dich in mir fühlte, versuchte ich mir schon dein kleines Gesicht vorzustellen, sah ich in Gedanken deine winzigen Hände beim Schlafen neben deinem Köpfchen ruhen. – Dann richtete ich Jäckchen und Hemdchen, und dein kleines Bett schaute ich oft und liebevoll an, schon lange bevor du da warst.

Vier Tage bist du nun alt, du kleines Wunder, und ich kann die Glückseligkeit, dich in den Armen zu halten, kaum begreifen. Meine Gedanken gehen zu Maria, der Mutter Jesu. Auch sie hatte eine Schwangerschaft durchzustehen. Doch unter weit schwierigeren Verhältnissen: Sie mußte dem Menschen, den sie am meisten liebte, Josef, unglaubwürdig erscheinen. Gewiß verachteten sie viele in ihrer Umwelt. – Als schließlich das Kind geboren werden sollte, waren die Eltern, durch ein Gesetz gezwungen, weit weg von zu Hause. Eine Futterkrippe war das erste Bett des Neugeborenen. – Eine alte, scheinbar rührende und doch erschütternde Geschichte ... Sie fanden keinen Raum in der Herberge (Lukas 2, Vers 7).

Heute ereignet sich diese Geschichte in unserem Land tausendfältig: Es ist nicht Maria, die schwanger ist, sondern es sind Frauen, die ein Kind erwarten und keine *Herberge der Geborgenheit* finden. Es ist nicht Jesus, der geboren werden soll, sondern Menschen, die Gott selbst als seine Schöpfung ins Leben rief und deren Leben durch die Last der Umstände gefährdet ist. Während ich mein vier Tage altes Mädchen glücklich in den Armen halte, ruft Julia an. Sie entschuldigt sich, aber es sei dringend und berichtet: »Stefanie, meine Freundin, hat ein Kind erwartet. Ich machte ihr Mut, es nicht abtreiben zu lassen, obwohl der Freund sie sitzen

ließ, als er hörte, daß sie schwanger war. 'Komm mir ja nicht mit dem Kind nach Hause', sagte der Großvater, bei dem sie wohnte. So gab sie es vor der Geburt zur Adoption frei. Nun ist sie im Krankenhaus. Das Kind ist drei Tage alt. Sie liebt es sehr, möchte es behalten und weiß nicht, wie sie die Adoption rückgängig machen kann und wo sie bleiben soll.« Innerhalb des Nachmittags erkundige ich mich beim Jugendamt und erfahre, daß bis zu acht Wochen nach der Geburt die Adoption nicht rechtskräftig ist. Ebenso kann ich Julia informieren, daß über das zuständige Amt Adressen vermittelt werden, wo Mutter und Kind nach der Entbindung bleiben können. Julia versucht, Stefanie im Krankenhaus zu erreichen. Doch Stefanie ist Hals über Kopf weggelaufen, nachdem sie erfahren hatte, daß die Kleine von den Adoptiveltern am nächsten Tag abgeholt werden sollte. Julia gelingt es, sie zu erreichen, sie zu ermutigen, ihre Kleine zu behalten. Stefanie faßt offensichtlich Mut. Sie ruft die entsprechenden Häuser an: Alle sind voll belegt. Zuletzt bleibt nur ein Heim, Tageskosten 40,00 DM. Stefanie hat nicht genug Geld. Der Großvater ist zu keinem Kompromiß bereit. – Leider ruft Stefanie Julia daraufhin nicht mehr an. Sie springt aus dem zehnten Stock eines Hochhauses.
Dies ist eine Aufzeichnung aus meinem Tagebuch vom 13.12.1985. Ich bin tief erschüttert. Wieviel Not ist bei manchen Müttern mit der Geburt ihres Kindes verbunden, welche Verzweiflung! Wenn schon eine Schwangerschaft unter normalen Umständen nicht einfach ist, wieviel mehr in solchen Konfliktsituationen wie bei Stefanie. Ich wünsche mir noch viel mehr, für solche Menschen hellhörig zu werden.

ZUM NACHDENKEN: Wer in meiner Nachbarschaft ist in Not? Wie könnte ich zeigen, daß ich ihm in dieser Schwierigkeit zur Seite stehen will?

GEBET: Herr, manchmal ist es mir egal, wie es den anderen geht. Dann ist der Kreis, in dem ich lebe, mir Last genug. Aber bitte öffne mir die Augen, daß ich erkenne, wie ich anderen helfen kann.

MERKE: Wenn wir anderen helfen, werden wir oft selbst dabei beschenkt.

47
Gedanken zu Schwangerschaft und Kind

Ein Kind, welch eine wunderbare Gabe Gottes! Und doch kommen diese Gaben für manche Frauen in den scheinbar ungünstigsten Momenten. Man hat gerade ein Haus gebaut und ist darauf angewiesen, daß beide arbeiten gehen, um es zu finanzieren. Man gewöhnt sich gerade aneinander, entdeckt, daß man sich wirklich mag, und dann das!
Eigentlich hatte der Arzt dringend vor weiteren Kindern gewarnt, der Krampfadern wegen, und nun war es doch geschehen! Drei Kinder, das ist doch das Äußerste, was ein Mensch in seinem Nervenkostüm verkraften kann... und da bleibt die Regelblutung aus. Über 40 bringt man doch keine Kinder mehr zur Welt! Die Gefahr, daß das Kind behindert sein könnte, ist zu groß! Dann lieber gleich handeln, wenn alles noch im Beginn ist... Von dem Moment an, da Eizelle und Samenzelle sich verbinden, beginnt unser Leben! Von diesem Moment an stand fest, was heute sichtbar ist: Augenfarbe, etwaige Größe, Aussehen, Intelligenz und viele andere Eigenschaften von uns. In sehr frühen Wochen reagiert das Kleine schon auf Reize. Wenn man es zum Beispiel mit etwas ganz Zartem berührt, zieht es sich zurück. Das bedeutet, daß es auch Schmerz empfinden kann. Keinem Menschen in unserem Land mutet man zu, zerquetscht, zerrissen oder aufgelöst zu werden, nur weil er einem unbequem ist. Diesen Kleinsten geschieht das Furchtbare. Vielleicht deshalb, weil sie noch nicht schreien können. Aber ihr stummer Schrei in dieser entsetzlichen Todesnot ist inzwischen ein lauter Schrei geworden, der unser Land durchzieht von Westen nach Osten und von Norden nach Süden. Es ist der Schrei jener Mütter und Väter, die nach der Abtreibung keine Ruhe mehr finden. Ihr Gewissen klagt sie an. Oft werden sie depressiv. Häufig er-

fahren wir ihr Leid und leiden mit um jenes Kind, das nie zur Welt kommen durfte. Und wir leiden mit jenen Menschen, die nun in Selbstanklage das Ausmaß ihrer Tat begreifen.
Ich gebe einiges weiter, aus einem Brief, der uns heute erreichte: »Wir haben eine Abtreibung hinter uns. Mit unserem ersten Kind lebten wir in einer Einzimmerwohnung, als meine Frau wieder schwanger wurde. Obwohl sie das Kind behalten wollte, bedrängte ich sie, es »wegmachen« zu lassen. Eine andere Frau ermutigte sie, indem sie ihr schilderte, daß sie dies schon fünfmal hinter sich gebracht habe. Damals war ich Alkoholiker, und meine Frau hatte Angst vor mir. Diese Abtreibung hatte schlimme Folgen für uns alle. Sie hätte unsere Familie fast zerstört, wenn nicht Jesus in unser Leben gekommen wäre. Trotzdem ist es immer noch ein furchtbarer Schmerz, wenn wir an unser Ungeborenes denken. Meine Frau hörte es später nach ihr rufen (ein Phänomen, das ich inzwischen auch von anderen hörte). Inzwischen sind sieben Jahre vergangen. Meine Frau möchte kein Kind mehr. Die inneren Schmerzen nach der damaligen Abtreibung hindern sie daran, auch wenn wir diesen Schritt inzwischen bitter bereut haben. Noch heute muß ich weinen, wenn ich an unser Kind denke. Ich weine auch um all die vielen Kleinen, die tagtäglich sterben müssen, weil ihre Mütter und Väter nicht wissen, was sie tun. Mir hilft nur dieser Gedanke, daß ich weiß, daß Gott mir und uns durch Jesus vergeben hat. Ich werde mein Kind wiedersehen, dieses Kind, über dem ich beschlossen hatte, daß es nicht leben soll. Nur indem ich auf Gottes Gnade hoffe, kann ich weiterleben.
Ermutigen Sie die Mütter, ihr Kind zu behalten! Im Namen der Ungeborenen, bitte, helfen Sie alle! Helfen Sie, damit das Morden aufhört!«

ZUM NACHDENKEN: Wieviel bedeutet mir ein Kind? Bin ich bereit, andere Dinge zurückzustellen, wenn Gott uns ein Kind anvertrauen will? Traue ich Gott zu, daß er mir die Kraft für Schwangerschaft und Geburt geben wird? Haben Sie ein Kind abgetrieben? Kommen Sie aus dem Sumpf der Selbstverdammnis heraus! Bitten Sie Jesus Christus um Vergebung. Er will Sie heilen. Es gibt nichts, was für Gott zu groß ist. Haben

Sie die Zuversicht zu Gott, daß Sie Ihr Kind einst wiedersehen dürfen.

GEBET: Herr, manchmal will ich kein weiteres Kind, weil die, die wir haben, schon so anstrengend sind. Oft fühle ich mich überfordert und habe den Eindruck, daß ich selbst zu kurz komme. Gib mir den Mut, dir mehr zu vertrauen als meinen Gefühlen. Ich möchte dir zutrauen, daß du die Kraft für mich hast, wenn du uns ein weiteres Kind anvertraust.

MERKE: Gott gibt uns nicht die Kraft im voraus, sondern erst, wenn die Situation eintritt.

48
Gedanken zum Schweigen Gottes

Brief einer Mutter mit einem behinderten Kind
»Meine Kleine ist fast taub und in den körperlichen Fortschritten ist sie im Vergleich mit einem gesunden Kind sehr im Rückstand. Dies will mich oft tief bedrücken. Doch merke ich, wie der Herr mich gerade dadurch Geduld lehren will – und auch Glauben. Nämlich diesen Glauben, der täglich und stündlich, manchmal minütlich dieses *»dennoch«* spricht. Eine Tetraplegikerin sagte einmal zu mir: 'Schwierige Momente machen aus uns keine Heilige. Nur der Herr selbst kann dies an uns vollbringen.' Es gibt Etappen, in denen ich kein Licht sehe. Etappen, in denen Dunkelheit und Verzweiflung nach mir greifen wollen. Menschlicher Trost ist manchmal einfach zu wenig. Der innere Schmerz ist wie ein großes Feuer, das durch das Wasser der menschlichen Worte nur ganz am Rande getroffen wird. Es reicht einfach nicht für dieses gewaltige Feuer. Ich merke, daß gerade mein Versagen eine Möglichkeit ist, Gottes Verheißungen zu erleben: z.B. daß seine Kraft in den Schwachen mächtig ist. Ich muß schwach werden, um dies zu erfahren. Und ich bin täglich schwach. Wie viel lieber wäre ich stark. Ich bin kein Märtyrertyp und würde sehr gerne auf diese Momente verzichten. Ich lehne mich oft gegen Gott auf. Warum gerade mein Kind? Manchmal spüre ich keine Hilfe. Herr, wo bist du eigentlich, fragte ich verzweifelt, als die Not wie große Wellen wieder über mich schlug?
In einer solchen Situation entstanden die folgenden Worte:

Dein Schweigen
Wenn du schweigst, Herr,
so glaube ich, alleine gegen den Strom schwimmen zu müssen.
Anstatt deine Nähe im Gebet zu suchen,
wende ich mich von dir weg.
Ich suche dich überall,
bloß nicht da, wo du in diesen Augenblicken wirklich bist.
Blind laufe ich los,
bis du mir in deiner Liebe die Augen öffnest,
und ich dich sehe:
neben mir.«

ZUM NACHDENKEN: Welche Gefühle erweckten in mir diese Gedanken? Habe ich Gott schon dafür gedankt, daß ich ein gesundes Kind habe? Wie gehe ich mit Menschen um, die ein behindertes Kind haben? Oft fühlen sie sich sehr allein.

GEBET: Herr, schenk mir, daß ich heute von meiner Not wegsehe. Öffne mir die Augen für die Not der anderen und zeig mir Wege, ihnen in der richtigen Weise zu begegnen und vielleicht sogar zu helfen.

MERKE: Jesus will nicht nur unser Mitleid. Er möchte, daß wir Worte der Ermutigung finden.

49
Wie der Vater, so der Sohn

oder: Gelungene Erziehung?
(Dasselbe gilt für Mutter und Tochter.) Als wir noch keine Kinder hatten, wußte ich genau, wie Kindererziehung »geht«. Ich war sehr sicher, worin gewisse Störungen bei Kindern begründet waren und ordnete Unarten der jeweiligen Unfähigkeit der Väter und Mütter zu. Ich hatte für alles natürlich ein Rezept, wie man mit den jeweiligen Schwierigkeiten umzugehen hätte. Außerdem war ich mir sicher, daß ich es auf jeden Fall einmal viel besser machen würde als meine Eltern. Wie gesagt, das war damals, als wir noch keine Kinder hatten. Und das ist schon sehr... sehr lange her.
Heute weiß ich, im Gegensatz zu damals, zum einen mehr und zum anderen weniger. Das eine ist, daß ich ein Mehr an Erfahrung gesammelt habe. Das andere ist, daß ich beim Verteilen hundertprozentig wirksamer Rezepte viel demütiger geworden bin. Für mich setzen sich Erziehung und die Entwicklung eines Kindes aus vielen Komponenten zusammen. Drei davon möchte ich herausgreifen. Die erste ist die Originalität des Kindes – und die ist fast so unerschöpflich wie unbegreifbar und vielfältig. Deshalb braucht jedes Kind eine andere Erziehung als das andere. Die zweite ist der Einsatz der Eltern an Zuwendung in Wort und Tat. Dabei ist nicht nur die Botschaft wichtig, sondern der Einsatz der Eltern, daß die Botschaft von dem Kind verstanden und ausgeführt wird. Dies fordert von den Eltern enorme Disziplin an sich selbst. Die dritte ist das Vorbild der Eltern, das ohne Worte laut und klar Botschaften vermittelt. Leider werden dabei nicht nur die Lichtseiten weitergegeben, sondern auch die Schattenseiten. Möglicherweise versucht man, am Kind zu korrigieren, was man selbst noch nicht bewältigt hat – getreu der

Erfahrung: Mich stört am anderen, was ich selbst nicht meistere. Für mich ist die Bibel deshalb so glaubwürdig, weil sie Tatsachen nicht beschönigt oder ausläßt. Sie berichtet mit schonungsloser Offenheit von bedeutenden Gottesmännern, denen gravierende Fehler unterlaufen sind – und unter anderem in Sachen Kindererziehung.

Als ich vor einiger Zeit die Familiengeschichte Abrahams und anderer Gottesmänner durchlas, zeigte sich mir mit Erschrekken, wie diese großartigen Menschen doch in manchen Punkten absolut nichts aus den Schwachstellen ihrer eigenen Eltern gelernt hatten. Und dabei hatte dieses Fehlverhalten sie selbst gelegentlich fast das eigene Leben gekostet. Hier sprach also offensichtlich das Vorbild der Eltern – natürlich unbewußt – so laut, daß sie es übernahmen. Wir lesen bei Abraham von dem unbändigen Wunsch, Kinder zu haben. Gott verheißt ihm so viele Kinder wie die Sterne am Himmel. Doch Abraham bleibt kinderlos bis ins hohe Alter. Seine Frau rät schließlich zur Selbsthilfe. Daß eine kinderlose Herrin durch ihre leibeigene Magd Nachkommenschaft zeugen läßt, war nichts Ungewöhnliches. Doch dieser Weg war nicht der Weg Gottes. Er brachte für alle Beteiligten viel Schmerzhaftes mit sich. Betroffen war der von der Magd Hagar geborene Sohn Ismael ebenso wie der später geborene Sohn Isaak durch die Ehefrau Sara. Es kam zu unsäglich viel Streit. Ein Sohn wurde verstoßen, der andere erhoben. Isaak heiratete Rebekka und hatte zwei Söhne. Mit Erstaunen erfahren wir beim Weiterlesen, daß auch er einen Liebling hatte. Ob er Esau nur bevorzugte, weil er ihm den guten Braten von der Jagd mitbrachte oder weil seine Frau den anderen Sohn Jakob zu ihrem Lieblingskind erkoren hatte, ist nicht ersichtlich. Jedenfalls brachte diese Hervorhebung der beiden durch den jeweiligen Elternteil nichts Gutes. Im Gegenteil: es kam schließlich fast zum Totschlag. Als ich diese Familiensaga, die ich eigentlich zu kennen glaubte, weiterstudierte, war ich erneut erschüttert, als mir bewußt wurde, daß Jakob diesen gewaltigen Fehler bei seinen Kindern wiederholte. Er bevorzugte die beiden Söhne seiner Lieblingsfrau Rahel, nämlich Josef und danach Benjamin, gegenüber den zehn Söhnen, die er mit seiner Frau Lea und den beiden Mägden hatte. Verglichen mit den entsetzlichen Leiden, die Josef dafür später durchstehen mußte, nehmen sich die anfänglichen Vorteile, die er als Liebling hatte, recht gering aus. Daß Gott aus den schwerwiegenden Fehlern menschlichen Versagens eine Geschichte zu seiner Verherrlichung schafft, ist wahrhaftig keiner menschlich ausgewogenen Erziehung zu verdanken.

Das Vorbild der Eltern ist anscheinend so prägend, daß ganze Generationen es weiterführen, ohne sich bewußt zu werden, daß sie es übernommen haben und daß sie es eigentlich kritisch hätten überdenken müssen. Auch wir wurden geprägt und prägen weiter. Deshalb ist es so wichtig, Gott immer wieder um Weisheit zu bitten. Und das dürfen, ja sollen wir tun! Im Jakobusbrief (Kap. 1,5) steht: »Wem Weisheit mangelt, der bete darum.« Dieser Vers scheint mir gerade für die Erziehung von überragender Bedeutung. Für mich gilt besonders in der Erziehung der lateinische Spruch 'ora et labora': bete und arbeite. Als Auslegung las ich dazu: »Bete, als ob alles Arbeiten nichts nützt, und arbeite, als ob alles Beten nichts nützt.« Können wir in späteren Jahren auf eine gelungene Erziehung zurückblicken, so scheint es mir, daß die vielen Verzichte, die ein Elternleben mit sich bringt, durch die nun sichtbare Frucht unseres langjährigen Einsatzes aufgewogen ist. Freuen wir uns darüber. Dennoch: Wenn sie gelungen ist, ist es allein der Gnade Gottes zuzuschreiben, denn wir werden als Eltern Fehler machen. »Junge«, sagte ich neulich zu unserem erwachsenen Sohn, »du tust mir heute noch leid, was ich früher alles an dir an Erziehungsstilen ausprobierte.« »Ach«, antwortete er und richtete sich dabei auf, »nimm's nicht so tragisch! Schau mich einmal an! Ist etwa nichts aus mir geworden?« »Doch«, konnte ich nur antworten, »aber manchmal meine ich – trotz mir!«

ZUM NACHDENKEN: Wie ist mein Elternbild? Habe ich manche Erfahrungen aus meiner Kindheit, unter denen ich gelitten habe, bei meinen eigenen Kindern unbewußt wiederholt? Gibt es ein Kind, das ich heimlich als Liebling erkoren habe?

GEBET: Vater im Himmel, es gibt so viele Situationen, in denen ich eigentlich ganz anders reagieren möchte. Oft fehlt mir die Geduld mit meinen Kindern. Dann möchte ich mich selbst an jemanden anlehnen, weil ich Hilfe brauche. Danke, daß ich wissen darf, daß du ganz nah bist, wenn ich zu dir rufe. Gib mir täglich Weisheit für die richtigen Entscheidungen.

MERKE: Wem Weisheit mangelt, der bitte darum! (Jak.1, 5)

50
Kann man so viele Kinder liebhaben?

(Nur für solche, die es verstehen können)
Gedanken zu unserem 11. Kind
Vielleicht erzähle ich Ihnen erst, wie das mit der Zählung ist. Zuerst hatten wir fünf Kinder. Dann traute Gott uns ein Pflegekind zu, das wir später adoptierten, und danach vertraute er uns noch weitere fünf Kinder an. Was das so nacheinander an Stürmen in unserem Freundeskreis auslöste, erahnt wohl der eine oder andere. Doch ich muß sagen, daß es ab dem fünften Kind leichter wurde. Ob man uns als hoffnungslos aufgab? Wie auch immer, man hörte auf, uns darüber belehren zu wollen, wie man diesen Kindersegen stoppen könnte – und schließlich und endlich ermahnte man uns auch nicht mehr mit der Verantwortung, die wir Gott gegenüber hätten. Ihm gegenüber? Hatte er sie uns nicht geschenkt? Gott setzte diese Geschenkreihe fort mit herrlichen, obwohl manchmal anstrengenden Originalen. Und wir möchten keines von ihnen missen! Diese wundervoll einmalige Rasselbande hat uns schon so viel Nerven gekostet, daß man ursprünglich davon gar nicht so viel besitzen konnte (sonst wäre man nur von Nerven beseelt gewesen statt der übrigen Körperorgane); so viel Zeit, daß man möglicherweise bequem zwei bis dreimal davon leben könnte; so viele Nachtstunden, daß einer sich gut ein Leben lang davon ausschlafen könnte... so viel Geld, daß man eigentlich Millionär sein müßte – und noch vieles mehr. Andererseits erlebten wir dadurch auch, daß wir viel, unendlich viel mehr zu lachen hatten als ganze Völker, daß wir am Tag mehr lächeln mußten, einfach deshalb, weil uns einer anlächelte, uns zigmal mehr umarmten und umarmt wurden, küßten und geküßt wurden – möglicherweise ein Alptraum für so manchen – und doch – köstlich!

Und nun hat Gott uns noch einmal solch ein Glück geschenkt. Ich will nicht verschweigen, daß mein Rücken oft schmerzt von dem kleinen Schwergewicht eines Neunzehnpfünders, daß mit Sicherheit meine Nächte weit ruhiger und erholsamer wären ohne ihn, daß der Kleine eine so kräftige Stimme hat, daß er trotz seines süßen Aussehens manchmal allen mit seinem Geschrei auf den Wecker geht... aber der Reichtum, der uns allen dadurch geschenkt ist, ist unvergleichlich. Ich jauchze an seinem Bett, wenn ich sein Stimmchen nachahme, meine Seele holt Atem, wenn ich auf seine kleinen Schnaufer lausche; sie bekommt Flügel und schwingt sich in unendlicher Dankbarkeit und unfaßbarer Freude zu Gott, der uns neu solch ein Glück bereitete. Oft stehe ich am seinem Bett und kann beim Anschauen dieses neuen Lebens nur fassungslos sagen: »Herr, danke, daß du uns noch einmal so beschenkt hast!« Aber manchmal frage ich auch: »Herr, wie hast du dir das eigentlich vorgestellt? Du siehst, daß ich kaum Kraft habe. Und ich werde älter und nicht jünger.«
Die Liebe zu unseren Kindern? Mir scheint, sie vermehrt sich von Mal zu Mal. Es ist, als ob uns jedes Kind sensibler macht dafür, was für ein Wunder es selbst ist. Es ist wie in der Musik: Je öfter man ein Stück hört, um so mehr hört man aus ihm heraus. Ich will niemanden mit meinen Worten provozieren oder erschlagen. In mir ist nur einfach eine große Freude, und die will ich mit all denen teilen, die verstehen, wovon ich rede. Gott, groß bist du!

51
Der Schlüssel: Mein Name

»Was denken Sie über Ihren Namen?« lautete die Frage bei einem Seminar, das ich vor vielen Jahren besuchte. Ich war kaum fähig zuzuhören, was die anderen zu sagen hatten, so stark fing es in mir zu arbeiten an.

Ich heiße Ruth. Das biblische Vorbild zu diesem Namen gefällt mir ausgesprochen gut. Aber das war es gerade! Dieses Vorbild paßte überhaupt nicht zu dem Bild, das ich darstellte. Die Ruth, die ich täglich in mir erlebte, war alles andere als sanftmütig, rücksichtsvoll, selbstlos. Eigentlich war ich ständig im Kampf mit ihr, denn so wie sie wollte ich nicht sein. Ich mochte meinen Namen nicht, weil ich die Ruth, die hinter meinem Namen stand, so gut kannte – zu gut kannte –, als daß ich hätte ja zu ihr sagen können. Deshalb mochte ich wohl meinen Namen nicht.

Ich dachte an Wünsche aus meiner Kindheit. Unter anderem war da die Vorstellung, daß ich später mein Kind, sollte es ein Mädchen sein, Claudia nennen wollte. Inzwischen allerdings war ich einem Mädchen begegnet, das so geheißen hatte und durch das ich tief enttäuscht worden war. Damit war der Name Claudia als Wunschname weggefallen. Unbewußt bringen wir Name und Person miteinander in Verbindung. Und dies scheint bei uns selbst auch der Fall zu sein. Ich mochte meinen Namen nicht, weil ich mich selbst nicht angenommen hatte.

Es gibt viele Möglichkeiten, warum wir unseren Namen nicht mögen. Vielleicht schämen wir uns unbewußt der Familie und des Hintergrunds, aus dem wir kommen. Oder wir kommen mit uns selbst nicht zurecht, weil wir merken, wie oft sich andere an uns stören. Vielleicht haben wir den Eindruck, wir hätten nicht die Figur, Frisur oder sonstige Gaben, die man haben muß, um von anderen anerkannt zu werden. Möglicherweise hängen wir unsere Komplexe an der nicht erreichten beruflichen Stellung auf. Die Vorstellung, nur Wert zu haben, wenn wir etwas leisten, kann der Ausgangspunkt sein, um sich nicht wohl zu fühlen. Wir haben den Eindruck, daß wir das Soll, das wir uns unbewußt gesetzt haben, nicht erfüllen. Was auch immer es sein mag, dies haben wir gemeinsam: die tiefe Sehnsucht, von anderen angenommen zu werden! Wir wollen geliebt werden, nicht um unserer Großartigkeit willen, sondern einfach, weil wir sind, wie wir sind. Da hinein ruft Gott das Wort: »Fürchte dich nicht, denn ich habe dich erlöst. Ich habe dich bei deinem Namen gerufen. Du bist mein« (Jesaja 43,1). Er sagt nicht: »Fürchte dich, ich weiß, wie du bist und wer du bist!« Er ruft vielmehr: Fürchte dich nicht, denn ich habe dich erlöst! Du bist gar nicht fähig, dich allein zu verändern. Aber ich erlöse dich von all deiner Schuld, von all deinen Schuldgefühlen, von deiner Angst, immer neu zu versagen, von deiner Unfähigkeit, mit dir selbst umzugehen, von deinen Vorstellungen, wie du sein solltest. Ich habe dich bei deinem Namen gerufen! Du gehörst mir! Du gehörst mir, trotz all deinem Versagen und mit deinem Versagen. Hab keine Angst! Deine Unfähigkeit hindert mich nicht daran, dich liebzuhaben. Du kannst gar nicht aus meiner Hand mehr fallen, denn du bist mein Kind. Es gibt keine Schuld, die dir die Kindschaft wegnehmen könnte. Dieses »Fürchte dich nicht« will ich Ihnen heute zurufen. Gott ruft uns heute in gleicher Weise, wie er damals »Zachäus« rief. In seinem Ruf muß so viel Liebe gelegen sein, daß Zachäus dies heraushörte. Sonst wäre er nicht fähig gewesen, vom Baum herunterzusteigen. Kommen Sie vom »Baum herunter«. Versöhnen Sie sich mit Ihrem Namen, indem Sie ihn neu hören lernen, wie Gott ihn Ihnen zuruft.

ZUM NACHDENKEN: Welche Erinnerungen habe ich an meine frühe Kindheit? Welche Gedanken kommen mir zu meinem Namen?

GEBET: Vater im Himmel, beim Gedanken an meinen Namen fallen mir Dinge ein, die ich lieber nicht mit ihm in Verbindung bringe. Ich kenne mich selbst nur zu gut. Du kennst mich auch. Aber du lehnst mich deshalb nicht ab. Liebevoll rufst du mich beim Namen. Durch deine Liebe werde ich fähig zur Veränderung, Schritt für Schritt. Ich will mich annehmen lernen, weil du mich annimmst, so wie ich bin, und nicht, wie ich sein sollte.

MERKE: Nichts kann mich aus Gottes Hand reißen, nicht einmal meine Unfähigkeit.

52
Sehnsucht nach ...

»Was gefällt Ihnen an Ihrem Ehepartner?« Nun, was würden Sie darauf antworten? Denken Sie über Ihre eigene Antwort nach. Sind es nicht allesamt Dinge, die letztlich Ihnen selbst zugute kommen? Wir lieben am anderen also, was uns Vorteile bringt, was unsere eigenen Defizite ausgleicht, was unser Selbstwertgefühl fördert. Und das eben gefällt uns. Fragt man ein junges Ehepaar, was ihm am anderen gefällt, so kommen meist viele gute Reaktionen. In vielfältiger Weise sieht man im Partner noch, was man selbst in ihn projiziert. Je länger man sich aber kennt, um so stärker tritt zutage, was man im anderen vermißt. Und nun beginnt eine eigenartige Dynamik. Dieses Eine, das man vermißt, gewinnt eine solche Größe, daß all das Positive, das da ist, davon überlagert wird. Es ist wie eine Negativkonzentration auf das eine Fehlende hin.

Eine Frau erzählt in der Beratung: »Wie gerne möchte ich mich mit meinem Mann unterhalten. Aber er will nicht, oder er ist nicht in der Lage dazu. Ansonsten ist er ja in Ordnung. Aber ich kann es nicht mehr aushalten, daß er so wenig mit mir spricht.« Eine andere vertraut mir an: »Mag sein, daß er ein guter Vater ist. Er ist auch nie laut mit mir und behandelt mich gut. Aber er ist völlig unromantisch. Er denkt nie darüber nach, mir ein Kompliment zu machen. Nein, so geht das nicht. Entweder er ändert sich, oder ich gehe.« Man könnte diese Liste fortsetzen. Und ich kann die Erfahrung meines eigenen Lebens anfügen. Mein Maßstab dafür, wie sehr mein Mann mich liebte, war davon abhängig, wie oft er mich wissen ließ, daß er mich mag. Oft fühlte ich mich ungeliebt, weil dieses »Zeichen«, das für mich wichtig war, fehlte. Dieses Fehlen führte zu Lustlosigkeit in meinen täglichen Pflichten, zu Unzufriedenheit in unserer Partnerschaft, zu Nörgelei über viele Kleinigkeiten. Ich fühlte mich nicht angenommen.

Wir haben als Frauen die besondere Gabe bekommen, Gefühle intensiv zu erleben und ebenso durch Gefühle Stimmungen wahrzunehmen, die oft wahr sind. Auf diese Weise erfahren wir die Bedürfnisse unserer Kinder, wenn sie noch nicht in dem Alter sind, in dem sie diese aussprechen können. Wir nehmen Stimmungen im Umfeld unseres Lebens wahr und können spüren, ob einer leidet, und ihm helfen, ohne daß er darum bitten muß. Dies alles ist äußerst positiv. Aber es gibt auch die andere Seite: Stimmungen können eine Eigendynamik entwickeln. Sie be*stimmen* uns. Wir sind nicht mehr fähig, uns von ihren negativen Einflüssen auf unsere Psyche zu trennen. Wir handeln so, als wäre unsere Wahrnehmung endgültig und wahr. Und genau hier liegt der Betrug. Gefühle können uns gewaltig irreführen und auf diese Weise Kettenreaktionen von Ungutem nach sich ziehen. Wir begegnen einem alten Bekannten. Eigentlich freuen wir uns, ihn wiederzusehen. Er reagiert unfreundlich und kühl. Wir beziehen dies auf uns selbst. Vielleicht grübeln wir darüber nach, wann wir ihn verletzt haben könnten. Wir ziehen uns zurück, wir wollen uns ja nicht aufdrängen. Später stellt es sich vielleicht heraus, daß der andere zu diesem Zeitpunkt aus dem Geschäft entlassen wurde... Eigentlich hätte er uns gerade da gebraucht... Gefühle sind etwas Gutes. Mit ihnen hat unsere Seele die Möglichkeit, sich auszudrücken. Jesus zeigte Gefühle, u.a. weinte er über Jerusalem. Er sagte beim Abendmahl: »Mich hat herzlich verlangt..« und er sah den reichen Jüngling an und »liebte ihn«. Doch Gefühle dürfen nicht über uns Herr werden. Wir müssen mit ihnen umgehen lernen. Der Psalmist spricht in Psalm 103 mit seiner eigenen Seele. Er fordert sie auf: »Lobe den Herrn, meine Seele, und vergiß nicht, was er dir Gutes getan hat.« Ich kann mir gut vorstellen, wie seine Seele gerade am Murren oder Verzagen war. Er wollte in diesem Zustand nicht bleiben. Deshalb spricht er mit seiner Seele und weist sie zurecht. Dieser Lobpsalm ist möglicherweise ursprünglich gar nicht aus Freude entstanden, sondern aus dem Wunsch, nicht nur zu jammern. Wobei wir Gott auch alle unsere Nöte bringen dürfen, so wie es andere Psalmen zeigen. Wir müssen uns bewußt machen, wozu unsere Gefühle gut sind und was sie bewirken. Gefühle können Freude ausdrücken und andere in diese Freude einbeziehen. Tränen sind eine Möglichkeit, Schmerz zu verarbeiten und ihn sichtbar zu machen. Gefühle können bewirken, daß Vertrautheit wächst, und sie können die nötige Abgrenzung schaffen. Aber Gefühle haben manchmal eine zerstörende, zersetzende, krankmachende Wirkung. Freundschaften gehen in die Brüche, Ehen zerbrechen dadurch, Menschen werden regelrecht krank, weil sie Gefühle der Bitterkeit in sich nähren. In diesem Fall haben Gefühle am falschen Platz zu viel gute Nahrung gefunden. Gedanklich hat man ihnen viel zu viel Raum gegeben, so daß sie alles Gute überwuchert haben. Hier gibt es nur ein Unkrautvertilgungsmittel: Vergebung. Ich nehme meinen Gefühlen die Rechte, indem ich sie unter die Herrschaft Jesu stelle und ihn bitte, in mir zu regieren. Dies ist keine einmalige Angelegenheit. Es ist ein ständiger, anstrengender Prozeß. Denn meine Seele war bislang gewohnt, daß ich einfach reagiere. Wenn ich mich nun entschließe, an diesem Punkt zu arbeiten, wird sie sich nicht gleich überzeugen lassen. Doch so oft mein Inneres mit der alten »Tour« beginnt, darf ich es daran erinnern, daß nun Jesus die Herrschaft über meine Gedanken übernommen hat. Dieser Lernprozeß ist zwar anstrengend, aber befreiend und frohmachend. Ich wünsche Ihnen Mut, ihn auszuprobieren, und Geduld mit sich selbst, wenn es nicht gleich gelingt.

ZUM NACHDENKEN: Welchen Gedanken hänge ich oft nach? Sind es gute oder anklagende Gedanken? Was haben sie bislang in mir bewirkt? Welche Auswirkungen hatten sie auf meine zwischenmenschlichen Beziehungen?

GEBET: Vater, ich bekenne dir, daß ich oft meine, ein Recht auf diese negativen Gedanken zu haben. Ich will mir nichts vormachen, Herr. Sie haben mir nicht geholfen, den anderen zu verstehen. Nur Selbstmitleid und Bitterkeit haben sie mir eingebracht. Deshalb komme ich jetzt zu dir. Bitte heile, was mich verletzt hat. Und gib mir die Kraft, nicht wieder verletzen zu wollen. Nur du kannst meinen Mangel wirklich ausfüllen.

MERKE: Durch Vorwürfe wird nur verstärkt, was ich ohnehin nicht haben will. Meine Seele darf nicht der Maßstab meines Lebens sein.

Nachwort

Lieber Leser,

Dinge, als richtig zu erkennen und sie zur Tat werden zu lassen, sind oft weit voneinander entfernt. Gewohnheiten sind eine Macht. Mit eingefahrenen Gewohnheiten haben wir keine Mühe, jedoch gelingt es uns nur mit Anstrengung, sogar kleine schlechte Gewohnheiten zu lassen. Als wir innerhalb unseres Ortes umgezogen waren, bog ich beim Heimfahren mit dem Auto oft noch in die Richtung zu unserer früheren Wohnung ab. Nach wenigen hundert Metern merkte ich den Fehler und kehrte um. Später blinkte ich nur noch und erinnerte mich vor dem Abbiegen, daß dies die alte Richtung war. Heute kommt es nicht mehr vor, daß ich nur einen Gedanken daran verliere, in die falsche Richtung zu fahren.

Es braucht Zeit und Übung, um die neue Richtung beizubehalten. Wenn man am Üben ist, darf man nicht aufgeben und muß Geduld mit sich und anderen haben. Und vor allem darf man nicht aufgeben, nur weil es nicht gleich so klappt, wie man will.

Lesen Sie dieses Buch gelegentlich wieder und ebenso Ihre Aufzeichnungen dazu. Vielleicht entdecken Sie erstaunt und froh, daß sich doch so manches zum Guten hin verändert hat, ohne daß Sie es groß merkten.

Ihnen wünsche ich Mut, an diesem Prozeß der Veränderung festzuhalten!

Ihre Ruth Heil

Weitere Bücher von Ruth Heil

Ruth Heil

Mit 40 fängt »frau« an zu leben

Tips von Frau zu Frau

Paperback, 192 Seiten
Nr. 854.159
ISBN 3-7751-9159-3

Wie nimmt eine Frau in den 40ern die körperlichen, seelischen oder geistlichen Veränderungen an? Wie geht sie damit um, daß …

… körperlich die Kräfte abnehmen?
… sie seelisch weniger belastbar und empfindlicher ist?
… sie auch mit Gott ihren Weg neu finden muß?

Ruth Heil unterstützt Sie, diese Lebensphase – mit Klimakterium, Erwachsen-werden der Kinder, »Leeres-Nest-Syndrom« etc. – und die damit verbundenen Veränderungen als Frau und Mutter zu verstehen und zu bejahen.

Ruth Heil

Du in mir

Tagebuchaufzeichnungen einer jungen Frau über Schwangerschaft und Geburt

Paperback, 136 Seiten
Nr. 854.038
ISBN 3-7751-9038-4

Was geht in einer Frau während der Schwangerschaft und während der Geburt vor sich? Eindrucksvoll und mitreißend schildert Ruth Heil in diesen Tagebuchauszügen ihre Gefühle, ihre unbeschreibliche Freude, ihre Höhen und Tiefen.
Entdecken Sie mit der werdenden Mutter eines der wertvollsten Geschenke, das es gibt!
Ein Buch nicht nur für Mütter!